Ilija Trojanow

DER ÜBERFLÜSSIGE MENSCH

dtv

Ausführliche Informationen über
unsere Autoren und Bücher
www.dtv.de

Von Ilija Trojanow bei dtv u. a. lieferbar:
Der Weltensammler (dtv 13581)
Nomade auf vier Kontinenten (dtv 13715)
Die Welt ist groß und Rettung lauert überall
(dtv 13871)
Der entfesselte Globus (dtv 13930)
Die fingierte Revolution (dtv 34373)
Angriff auf die Freiheit (mit Juli Zeh; dtv 34602)

Ungekürzte Ausgabe 2015
2. Auflage 2015
dtv Verlagsgesellschaft mbH & Co. KG, München
© 2013 Residenz Verlag
im Niederösterreichischen Pressehaus Druck- und Verlagsgesellschaft mbH
St. Pölten, Salzburg, Wien
Dieses Werk ist urheberrechtlich geschützt.
Sämtliche, auch auszugsweise Verwertungen bleiben vorbehalten.
Umschlagkonzept: Balk & Brumshagen
Umschlagfoto: plainpicture/Spitta + Hellwig
Gesamtherstellung: Druckerei C.H.Beck, Nördlingen
Gedruckt auf säurefreiem, chlorfrei gebleichtem Papier
Printed in Germany · ISBN 978-3-423-34854-6

Inhalt

Auf Sie können wir verzichten 7

La Méduse 10

Zu viel, zu viele 13

Von Milliardären, Elchjägern und anderen Malthusianern 19

Schuld haben immer nur die anderen 24

Mensch und Müll 27

Prekär, der Prekäre, das Prekariat 32

Ein Sprungbrett nach unten 35

Die Ein-Euro-Reservisten 38

Die Oligarchen sind unter uns 41

Die Rache des Kellners 47

Stigmatisiert, selbstoptimiert 51

Lohnarbeit ade 59

Die Segnung der Maschinen 67

Apokalypse soon 73

Auswege 80

Bibliografische Hinweise 87

Auf Sie können wir verzichten

Kein Mensch kein Problem.
Josef Wissarionowitsch Stalin

Sind Sie überflüssig? Natürlich nicht. Ihre Kinder? Nein, keineswegs. Ihre Verwandten, Ihre Freunde? Geradezu eine unverschämte Frage, ich weiß. Ehrlich gesagt empfinde ich mich selbst auch nicht als überflüssig. Wer tut das schon? Höchstens an ganz schlechten Tagen. Und doch gelten viele Menschen auf Erden als überflüssig, aus Sicht von Ökonomen, internationalen Organisationen, global agierenden Eliten. Wer nichts produziert und – schlimmer noch – nichts konsumiert, existiert gemäß den herrschenden volkswirtschaftlichen Bilanzen nicht. Wer keinen Besitz sein Eigentum nennt, ist kein vollwertiger Bürger. »Hier bin ich Mensch, hier kauf ich ein«, lautet die allgegenwärtige Werbung des Drogerieprimus *dm*. Das Sein ist ersetzt worden durch das Konsumieren. Mit anderen Worten auf den spätkapitalistischen Punkt gebracht: Die Gesetze des Marktes markieren die Grenzen der Freiheit.

Der Subsistenzbauer gilt als Anachronismus, als Bremse der entfesselten Entwicklung, weswegen er enteignet und vertrieben wird. Der Langzeitarbeitslose gilt als Belastung für die Gesellschaft, weswegen er schikaniert und verachtet wird. Der Kleinbauer und der landlose Landarbeiter gehören nicht nur zu den ärmsten Menschen auf Erden, sie werden zudem in dem Maße als Ressource wertlos, in dem sich die industrielle Agrarwirtschaft weltweit ausbreitet. Wo sollen sie unterkommen, wovon sollen sie zukünftig leben? In den Städten wachsen zwar die Slums, die Zahl der gesicherten Arbeitsplätze in der Produktion nimmt hingegen ab, eine Entwicklung, die angesichts der rasant fortschreitenden Automatisierung der Prozesse in einem System entschiedener Konkurrenz unaufhaltsam ist. Der Dienstleistungssektor, ein Euphemismus für niedrig bezahlte und stupide bis erniedrigende Arbeiten, hat die wachsende Zahl überflüssig werdender Menschen teilweise auffangen können (allein McDonald's hat weltweit 1,7 Millionen Angestellte), doch das kann nur ein vorübergehender Trend sein.

Unser Planet sei voll, übervoll, wird immer wieder gewarnt, und dies schon seit Längerem. Wie viele Besatzungsmitglieder das Raumschiff Erde im besten aller Fälle tragen kann, ist eine spekulative und strittige Frage, die in diesem Zusammenhang keine Rolle spielt. Schwer wird sich ein Kompromiss finden lassen zwischen einem eingefleischten Optimisten, der selbst bei zwölf Milliarden Menschen keinen ökologischen Zusammenbruch vorhersieht, und einem in der Wolle gefärbten Misanthropen, der den Menschen als »Virus, von dem der Planet sich heilen muss« (James Lovelock) begreift. Entscheidend ist die Formulierung des Problems. Wenn sich vermeintlich zu viele Menschen auf einem Floß zusammendrängen, gelten keineswegs alle als überzählig, sondern nur einige von ihnen, wie uns die dramatischen Ereignisse nach Schiffbrüchen in früheren Jahrhunderten vorgeführt haben.

La Méduse

Als das französische Schiff *La Méduse* 1816 unter der Führung eines unfähigen Kapitäns vor der Küste Senegals auf eine Sandbank auflief, zwang der Mangel an Rettungsbooten 147 Passagiere auf ein Floß, das so seeuntauglich war, dass jene, die es notdürftig zusammengezimmert hatten, sich weigerten, darauf Zuflucht zu nehmen. Der Kapitän versprach vor versammelter Mannschaft, die fünf Rettungsboote würden in einem vertäuten Konvoi das Floß zur Küste ziehen. Die Befehlselite des Schiffes hatte sich selbst sichere Plätze im vordersten Boot zugeteilt. Der als Gouverneur Senegals vorgesehene Julien-Désiré Schmaltz wurde auf einem Sessel zu einem gut ausgerüsteten Kahn hinabgelassen, auf dem nur drei Dutzend seiner Verwandten und Vertrauten Platz finden durften. Um ihr Leben schwimmende Matrosen wurden mit Säbelgewalt daran gehindert, sich auf das Boot zu retten. Das Meer war unruhig, die Wellen hoch, und das Floß stand zur Hälfte unter Wasser. Bald schon erlag Gouverneur Schmaltz der Versuchung, die eigene Last zu verringern; er gab den Befehl, das Rettungsseil zu kappen – ein Akt reiner Feigheit und Selbstsucht. Die Schicksalsgemeinschaft auf dem Floß – zwanzig Matrosen, einige Diener, ein Metzger, ein Bäcker, ein Waffenschmied, ein Fassbinder, ein

Hauptmann, ein Sergeant und einige einfache Soldaten sowie Mitglieder der *Société Philanthropique* – war von nun an sich selbst überlassen, zu trinken hatten sie nicht mehr als zwei Fässer Wein und zwei Fässer Wasser, zu essen nur einen bescheidenen Vorrat an durchweichten Keksen. Als diese nach wenigen Tagen fast aufgezehrt waren, standen unangenehme Entscheidungen an, denn obwohl nicht wenige Schiffbrüchige in der Zwischenzeit gestorben waren (manche hatten sich ins Meer gestürzt, andere waren in Scharmützeln zwischen rivalisierenden Gruppen erdolcht worden), befanden sich weiterhin zu viele Menschen auf dem Floß. Der innere Zirkel der Anführer (die sich ihre aus den Hierarchien der Zivilisation geschöpfte Macht auch in der Wildnis anmaßten) beratschlagte auf einem erhöhten Deck in der Floßmitte, ob die Geschwächten nicht auf halbe Ration gesetzt werden sollten, entschied sich aber schließlich für eine eindeutige Lösung: die Schwächsten würden ins Meer geworfen werden, damit die zur Neige gehenden Vorräte für die Stärkeren übrig blieben. Wir wissen genau über die Beratschlagungen Bescheid, weil mehrere der insgesamt fünfzehn Überlebenden nach ihrer Rettung Berichte verfasst haben, die Aufsehen erregten, vor allem wegen des mit schlechtem Gewissen beschriebenen Kannibalismus. Da auf dem Floß einige frische Leichen herumlagen, musste im Gegensatz zu manch anderer Katastrophe auf hoher See niemand zu Ernährungszwecken geopfert werden. 1766 hatte die Besatzung der havarierten *The Tiger* einen der transportierten Sklaven getötet und sein Fleisch geräuchert. Nach dem Schiffbruch der amerikanischen Slup *Peggy* wurde ebenfalls ein Afrikaner zum Wohle der weißen Gemeinschaft durch einen Kopfschuss geopfert und in Salzlake eingelegt, was den Überlebenden für neun weitere Tage Nahrung sicherte. So brutal und bestialisch diese Ereignisse uns erscheinen mögen, sie unterscheiden sich nicht grundsätzlich von den sozialen und wirtschaftlichen Interdependenzen, die gegenwärtig global vorherrschen, und ihren katastrophalen Folgen.

Die entscheidende Frage bei real oder vermeintlich existierender Überbevölkerung lautet: Auf wen können wir verzichten? Diese Frage wird niemals im Sinne der Gemeinschaft reflektiert, sondern von der Evidenz der Machtverhältnisse beantwortet – die Schwächsten gehen über Bord oder werden aufgefressen. Die Elite hegt keinen Zweifel an der eigenen Unersetzlichkeit, die Reichen zweifeln nicht an ihren gottgegebenen Privilegien, und die Oberschicht glaubt sich per se wertvoller als die Unterschicht. Insofern birgt der oft leichtfertig dahingesagte Satz »es gibt zu viele Menschen« enormen ethischen Sprengstoff.

Zu viel, zu viele

> *Dank des milden Klimas und fruchtbaren Bodens wäre Irland in der Lage, das Dreifache seiner Einwohnerzahl zu ernähren, und niemand, außer einem Beamten der britischen Regierung, hätte behauptet, dass unter seinen geknechteten Einwohnern kein Anflug von Freiheitsgeist oder kein Lebensfünkchen zu finden sei. Man kann nur hoffen, dass diese schwachsinnigen, tyrannischen Herrscher für immer von irischem Boden vertrieben werden. Wie hübsch die englische Aristokratie doch über die Herrscher Neapels, Dahomeys und anderer Königreiche zu moralisieren weiß. Richtet den Blick auf das eigene Land, richtet den Blick auf London, und seht die Tausenden, deren Gesichter vom Schreckgespenst der Hungersnot gezeichnet sind; seht die einst schönen, tugendhaften und fleißigen Frauen, die nun gezwungen sind, ihren Kindern beim Sterben zuzusehen, weil es an Nahrung fehlt. Richtet den Blick auf die beiden Seiten der Medaille: die Erhabenheit des Rechts und das unendliche Elend eines edlen Volkes.*
>
> Die letzten Worte des irischen Freiheitskämpfers Michael O'Brian

Das Konzept der »Überbevölkerung« entwickelte sich mit der Moderne. Die einsetzende Industrialisierung vernichtete große Teile des Kleinbauerntums sowie des ländlichen Handwerks, die entwurzelten Menschen bildeten das Reservoir eines städtischen Proletariats, das als billige Arbeitskraft zwar eine wirtschaftliche Explosion ermöglichte, zugleich aber von beachtlicher revolutionärer Sprengkraft war. Die Lösung lag auf der kolonialen Hand: die vormodernen Regionen dienten als Auffangbecken für die Überbevölkerung der industriell entwickelten Gesellschaften, weswegen die Vorfahren der Bewohner Nordamerikas und Ozeaniens aus unseren Breiten stammen. Während der *Great Famine* von 1845–49, bei der mehr als eine Million Iren an Unterernährung starb, wanderten über 800 000 Männer und Frauen nach Nordamerika aus. Die britische Regierung unternahm keine ernsthaften Bemühungen, die Hungersnot zu lindern oder gar zu überwinden, eine imperiale Politik des Genozids durch Unterlassung, die auch im 19. Jahrhundert Nachahmer fand.

Überbevölkerung war somit zunächst ein europäisches Problem, was uns in Mitteleuropa ironisch erscheinen mag, da wir dieser Tage eher mit Hiobsbotschaften unseres drohenden Aussterbens konfrontiert werden. Als sich die Industrialisierung allmählich durchsetzte, trat Thomas Robert Malthus, britischer Nationalökonom und Sozialphilosoph, auf den Plan und entwickelte sein Bevölkerungsgesetz, das in der berühmten Quintessenz kulminierte: »Ein Mensch, der in einer schon okkupierten Welt geboren wird, wenn seine Familie nicht die Mittel hat, ihn zu ernähren, oder wenn die Gesellschaft seine Arbeit nicht nötig hat, dieser Mensch hat nicht das mindeste Recht, irgend einen Teil von Nahrung zu verlangen, und er ist wirklich zu viel auf der Erde. Bei dem großen Gastmahle der Natur ist durchaus kein Gedecke für ihn gelegt. Die Natur gebietet ihm abzutreten, und sie säumt nicht, selbst diesen Befehl zur Ausführung zu bringen.« Mit anderen Worten: die Nahrungsmittelproduktion kann quantitativ nicht mit dem Populationswachstum mithalten, denn »der allgütige Schöpfer (…) hat uns in seiner Gnade nicht alle lebensnotwendigen Dinge in ausreichender Menge zur Verfügung stellen wollen«. Abgesehen von der Frage, wieso ein so schlecht vorausplanender Schöpfer allgütig und gnädig sein soll, irritiert an dieser These vor allem die Behauptung der Unausweichlichkeit: Der Hungertod als Allheilmittel bei wirtschaftlichen Engpässen. Ein Teil der Bevölkerung muss zum Wohl der Mehrheit geopfert werden so wie die Schwächeren auf dem Floß der *Méduse*? Soziale Versuche, solche Entwicklungen zu mildern, wären folgerichtig auf das Schärfste abzulehnen. »Wenn ein Mann von seiner Arbeit nicht leben kann, so ist das für ihn und seine Familie eben nicht zu ändern. (…) Sozialgesetze sind schädlich … Sie ermöglichen den Armen, Kinder in die Welt zu setzen.« Und das gilt es unbedingt zu vermeiden, denn die Armen reproduzieren ungebremst – dieser Mythos ist ein selbstgefälliges Evergreen der oberen Schichten – ihre Unbildung, ihre Vulgarität, ihre Primitivität, ihre Hässlichkeit.

Wenig überraschend, dass die Thesen von Thomas Robert Malthus heute, da die Globalisierung als Endresultat der Kolonialisierung alle migratorischen Überlaufbecken gefüllt hat und Modernität kein regionales

Privileg, sondern universeller Zustand ist, eine bemerkenswerte Renaissance erfahren. Was könnte künftig als Ventil für den Dampf des Bevölkerungsüberdrucks dienen? Das herauszufinden gilt den Eliten als vordergründige Aufgabe. Diese vermeintlich offene und unschuldige Diskussion erlaubt es, »unangenehme Fragen« zu stellen und gleichzeitig auf der Rhetorik der Menschenrechte, der Erhabenheit der eigenen Aufgeklärtheit und der Humanität der eigenen Bestrebungen zu beharren. Hungersnöte und andere soziale Katastrophen erweisen sich nicht als Malaise des Systems oder als Auswüchse der eigenen Prioritäten, sondern als Naturgesetze beziehungsweise Folgen einer übermäßigen Zeugungsfähigkeit der Armen. Wer von uns hätte nicht schon einmal den beiläufig geäußerten Satz vernommen: »Die Afrikaner (oder die Inder oder die Roma usw.) setzen zu viele Kinder in die Welt.« Malthus ist der große Befreier, nicht nur vom schlechten Gewissen, wie Jean Ziegler schreibt, sondern von der Einsicht in die eigene Verantwortung oder gar Mitschuld.

Nach Schätzungen der FAO (der Ernährungs- und Landwirtschaftsorganisation der Vereinten Nationen) sterben jährlich achtzehn Millionen Menschen an Unterernährung. Zwar ist die Zahl der hungernden Menschen prozentual zurückgegangen, von 26 Prozent in der Periode von 1969 bis 1971 auf 13 Prozent in den Jahren zwischen 2005 und 2007, vor allem dank der »grünen Revolution«, einem Effizienzschub in der industriellen

Landwirtschaft, trotzdem: Alle fünf Sekunden verhungert ein Kind unter zehn Jahren; jedes Jahr bringen unzählige unterernährte Mütter unterernährte Kinder zur Welt. Etwa eine Milliarde Menschen leiden an Hunger. Der einzige selbstbestimmte Ausweg ist für viele der Selbstmord – 2009 haben sich 17 368 indische Kleinbauern umgebracht. 2010 waren es laut der medizinischen Fachzeitschrift *The Lancet* an die 19 000. Seit 1995 haben sich allein in Indien insgesamt rund 270 000 Menschen aus Verzweiflung über die herrschenden Verhältnisse das Leben genommen.

Kann das massenhafte Verhungern überhaupt verhindert werden? Rein quantitativ betrachtet zweifellos. Weltweit werden genügend Nahrungsmittel produziert, damit keiner eines Hungertodes sterben müsste. Allein die Nahrungsmittel, die in Europa und Nordamerika weggeworfen werden, würden ausreichen, um alle Hungernden auf der Welt zu ernähren – es bliebe sogar etwas über. Die meisten Krankheiten, an denen Kinder in der Dritten Welt sterben, könnten mit einem finanziellen Aufwand von einigen Dollar pro Kind vermieden beziehungsweise geheilt werden. Jährlich sterben 2,2 Millionen Menschen, überwiegend Säuglinge und Kleinkinder, an Durchfallerkrankungen, Folge kontaminierten Trinkwassers, da etwa die Hälfte der Weltbevölkerung über keine angemessene Wasserversorgung verfügt. Weder Hunger noch Verelendung müssten sein. Es handelt sich nicht um ein Naturgesetz, sondern um Massenmord durch Unterlassung. Die Hungersnöte in China, Britisch-Indien und der Sowjetunion sowie in den von der Wehrmacht besetzten Gebieten Osteuropas gelten unter Historikern mittlerweile als Genozide, unabhängig davon, ob sie in den erfolgten Ausmaßen intendiert waren, worüber noch gestritten wird. Sie hätten verhindert werden können, wurden aber als notwendiges Übel in Kauf genommen, um die Interessen der »gesunden« oder »progressiven« Gemeinschaft zu verteidigen.

Von Milliardären, Elchjägern und anderen Malthusianern

In Kreisen der wirtschaftlichen Eliten wird neuerdings ein erstaunlicher posthumanitärer Cocktail aus neomalthusianischen und fundamentalistisch sozialdarwinistischen Positionen gemixt. Schon 1996 erklärte CNN-Gründer Ted Turner der Zeitschrift *Audubon*: »Eine Bevölkerung von weltweit 250 bis 300 Millionen Menschen, also ein Rückgang um etwa 95 Prozent, wäre ideal.« Im Alter nicht nur weiser, sondern auch nachsichtiger geworden, formulierte er 2008 beim World Affairs Council of Philadelphia das visionäre Ziel, die Weltbevölkerung auf zwei Milliarden zu verringern. Sein Freund John Malone, der ihn 2011 als größter privater Landeigentümer der Vereinigten Staaten ablöste, raunt sibyllinisch: »Ich bin eher geneigt zuzugestehen, dass der Mensch nicht gänzlich verschwinden wird.« Zumindest nicht bis auf den letzten Großgrundbesitzer, denn einige wenige werden übrig bleiben, Milliardäre samt Bediensteten sowie Elchjäger und Biodiversitätsexperten – Ted Turner lebt diese »Utopie« selbst vor. Er hat seine Latifundien in Montana, Nebraska, Oklahoma und New Mexico quasi entmenscht, im Sinne einer ökologischen Rückwandlung (so wie einst Bernhard Grzimek darauf beharrte, dass die ostafrikanischen Nationalparks frei von dort lebenden Einheimischen sein sollten), und selbst alte Gewohnheitsrechte der Indianer außer Kraft gesetzt. Zugang zu seinen Privatparadiesen haben nur gutbetuchte Waidmänner, die fünfstellige Beträge für den Abschuss eines Elchs bezahlen können. »Eingewanderte« Fische hingegen müssen weichen, weswegen Ted Turner seit 2004 mehr als eine halbe Million Dollar investiert hat, um einige fremde Forellenarten im Cherry Creek mit Rotenon zu vergiften, damit die einheimische *Westslope cutthroat trout* ungefährdet ausgesetzt werden kann. Trotz heftiger Proteste von Anwohnern und Anglern entschied sowohl die Regierung als auch das oberste Gericht des Bundesstaates Montana zu seinen Gunsten, sodass bis 2011 entlang eines hundert Kilometer langen Flussabschnitts systematisch entfernt wurde, was Gott dort nicht vorgesehen hatte. Doch Ted Turner beschäftigt sich nicht nur mit kleinen Fischen. Seit den 1970er-Jahren kauft er Bisonherden auf – heute ist er der größte Bisonfarmer der Welt –, natürlich mit der hehren Absicht, fremde Kühe zu vertreiben, ein löblicher Aufbruch in die Vergangenheit, der 2002 von 400 angereisten indianischen Führern aus dem ganzen Kontinent (von Guatemala bis Alaska) gewürdigt wurde, indem sie Turner den Ehrennamen *Buffalo Bull Chief* verliehen. Die haarigen Büffel finanzieren übrigens einen Teil des Turner-Imperiums. Als Bisonburger landen sie in den Filialen von *Ted's Montana Grill* auf dem Teller jener, die keinen anderen Zugang zur Natur haben.

Der noch reichere Bill Gates propagiert eine weniger drastische Reduktion der Menschenzahl. In einer Rede aus dem Jahre 2010 schätzt er, dass durch »neue Impfstoffe und bessere Gesundheitsversorgung, vor allem im Bereich der Fortpflanzung« die Weltbevölkerung, die in absehbarer Zeit auf neun Milliarden anwachsen werde, um zehn bis fünfzehn Prozent verringert werden könnte. Das ist eine erstaunliche Aussage, denn medizinische Fortschritte führen zwar tatsächlich zu einer Bremsung des Bevölkerungswachstums – ebenso wie soziokulturelle Entwicklungen wie etwa bessere Bildung für Frauen (siehe das Beispiel des indischen Bundesstaates Kerala) oder weitverbreiteter Wohlstand (siehe etwa die skandinavischen Länder) –, keineswegs aber zu einer drastischen Schrumpfung der Bevölkerung um eine Milliarde. Man könnte diese Milchmädchenrechnung als exzentrische Verirrung eines unermesslich wohlhabenden Individuums abtun, wäre die *Bill & Melinda Gates Foundation* nicht zweitgrößter Geldgeber der WHO (der Weltgesundheitsorganisation), die sich zudem ausbedungen hat, über die Verwendung der gespendeten Mittel eigenmächtig zu entscheiden, und hätte diese Stiftung nicht nur massiv in Monsanto-Aktien investiert, sondern auch ein Projekt mit dem Agrarkonzern Cargill initiiert, um in Mosambik genmanipuliertes Sojasaatgut zu etablieren, gegen starken Widerstand der Einheimischen, die sich auch weigerten, genmanipulierte Nahrungsmittelhilfe von USAid anzunehmen, aus der Erkenntnis heraus, dass sie in die Abhängigkeit von Großkonzernen getrieben werden. Da weder Monsanto noch Cargill die Interessen afrikanischer Kleinbauern im Auge haben, sondern allein die immensen Profite, die sich mit Hightech-Landwirtschaft und Marktmanipulation machen lassen, wäre der Weg vorgezeichnet, wie das Plansoll einer Bevölkerungsverringerung um bis zu fünfzehn Prozent erfolgreich bewältigt werden kann: durch eine globale Kontrolle über die Nahrungsmittel, die nur für jene vorgesehen sind, die eine wertvolle Funktion ausfüllen oder über eine gedeckte Kreditkarte verfügen.

Neomalthusianer haben nicht nur in den USA Hochkonjunktur. Die russische Zeitschrift *Ekologitscheski Postmodern* (Ökologische Postmoderne) publizierte vor einigen Jahren einen Bericht zu diesem Thema, der unter anderem eine Tabelle für das Jahr 2007 über »Länder der Welt mit überflüssiger Bevölkerung« enthielt, definiert gemäß den oben skizzierten, rein ökonomischen Kriterien: als überflüssig gilt derjenige, dessen Arbeitskraft in den kapitalistischen Kreisläufen nicht profitabel genutzt werden kann. In dieser Statistik werden insgesamt 107 Staaten aufgeführt, in denen über 80 Prozent der Weltbevölkerung beheimatet sind, alles in allem 5 470 982 000 Seelen, bei einer »biologisch zulässigen Bevölkerung« von 1 922 121 200. (Wie diese Zahl berechnet worden ist, wird verschwiegen.) Die »Überbevölkerung« beträgt demnach 3 548 860 800. Das war 1965, dem Jahr, in dem ich geboren wurde, die Zahl aller Erdbewohner. Einen besonders kräftigen Menschenüberschuss verzeichnen China (860 Millionen) und Indien (938 Millionen), sodass dort Menscheneinsparungen der ganz speziellen Art erforderlich werden dürften. Ebenso auffällig ist, dass in dieser Aufzählung der Überflüssigen weder Russen noch US-Amerikaner auftauchen. Denn überflüssig sind immer nur die anderen. So wie auch jene, die in passionierten Reden auf internationalen Kongressen eine freiwillige Beschränkung jedes Paares auf ein Kind fordern, selbst eifrig für Nachwuchs sorgen: Ted Turner hat fünf, Bill Gates drei Kinder.

Schuld haben immer nur die anderen

Entgegen den landläufigen Vermutungen sind die hochindustrialisierten, wohlhabenden Länder weiterhin die am dichtesten besiedelten. Monaco ist mit rund 15 250 Einwohnern pro Quadratkilometer weltweiter Spitzenreiter. Und dort darben, wie wir alle wissen, viele arme Flüchtlinge mitsamt ihrem zahlreichen Nachwuchs. Zwar führt unter den größeren Staaten Bangladesch die betreffende Liste an mit 1084,2 Einwohnern pro Quadratkilometer, doch dahinter folgen entwickelte Länder wie Taiwan mit 616 und die Niederlande mit 488 Einwohnern pro Quadratkilometer – somit der überfüllteste Staat der Europäischen Union, die einen Durchschnitt von 116,8 Einwohnern aufweist –, Afrika hingegen einen von 34,9 und Südamerika einen von nur 22,4. Selbst wenn alle Chinesen und alle Inder in die USA immigrieren würden, wäre dieses Land weniger dicht besiedelt als England. Und doch vernehmen wir selten Warnrufe, die Niederlande oder England seien überbevölkert. Was ist der Unterschied zwischen uns und den anderen? Ganz einfach: Von den anderen gibt es zu viele, von uns kann es nicht genügend geben.

Wie sieht es mit dem Energieverbrauch aus? Zwei Drittel des Weltverbrauchs gehen auf das Konto der OECD-Staaten. Der gemeine Deutsche, Österreicher oder Schweizer verbraucht gut fünfmal mehr als der durchschnittliche Asiate und gut zehnmal mehr als der durchschnittliche Afrikaner. Das ökologische Argument, mit dem die notwendige Schrumpfung der Menschheit gerechtfertigt wird, fällt bei näherer Betrachtung in sich zusammen. Ein Subsistenz- oder Kleinbauer aus der Dritten Welt lebt samt seinen acht, neun oder zehn Kindern um ein Vielfaches nachhaltiger als ein Großstädter einer der Metropolen des Nordens. Ginge es tatsächlich um ökologische Prioritäten, müsste man die Überflüssigen zuallererst unter den Superreichen ausfindig machen, von denen jeder Einzelne in etwa so viel wie eine afrikanische Kleinstadt verbraucht. 2005 konsumierte das reichste Prozent der US-Amerikaner so viel wie die 60 Millionen Ärmsten des Landes. So besehen sind die schwerreichen Einwohner des Westens die schlimmsten Parasiten. Zudem bunkern sie Trillionen von Dollar in Steueroasen (niemand kennt die genaue Summe), die somit dem Gemeinwohl nicht zugutekommen können. Sollte also eine Dezimierung unabwendbar sein, wäre es nach dem Gesetz des kleineren Übels eher angebracht, einige Vermögende zu opfern als Millionen von Armen.

Aber das kommt nicht in Betracht, denn der weiße Mann hat sich, wie auch der reiche Mensch, seit je als besonders wertvoll begriffen, wertvoller auf jeden Fall als tausend braune, gelbe oder schwarze Kreaturen. Wer wird schon bestreiten wollen, dass es immer nur die anderen sind, die unseren Planeten zerstören?

Es kann in diesem Zusammenhang nur zwei logische und konsequente Positionen geben: Entweder es ist genug für alle da und wir können mit dem globalen Wachstum weitermachen wie bisher, bis eines Tages alle Länder der Welt unseren Lebensstandard samt unserem Verbrauch erreicht haben. Oder die Ressourcen sind begrenzt und das Wachstum wird gegen eine Decke stoßen, woraus folgt, dass wir unseren Wohlstand reduzieren müssen, um den anderen wenigstens das Recht auf Nahrung und ein würdevolles Leben zu garantieren. Jede andere Haltung impliziert, dass es wertvolles und unwertes Leben gibt.

Mensch und Müll

> *Wenn sich niemand zu uns umdrehte, wenn wir den Raum betreten; wenn niemand antwortete, wenn wir sprechen; wenn niemand wahrnähme, was wir tun; wenn wir von allen geschnitten und als nicht existierend behandelt würden, dann würde eine derartige Wut und ohnmächtige Verzweiflung in uns aufsteigen, dass im Vergleich dazu die grausamste körperliche Qual eine Erlösung wäre.*
>
> William James, 1890

Da abgesehen von einigen Stämmen in Papua-Neuguinea und entlang des Amazonas alle Menschen auf Erden den globalen Märkten ausgesetzt und somit vom Geld abhängig sind, und alles, was sie umgibt und was sie herstellen, quantifiziert und kommerzialisiert worden ist, gibt es nur noch zwei bestimmende Realitäten: Markt und Müll. Ersterer funktioniert gottgleich, ergo gütig und gnädig, Letzterer türmt sich auf, wird vergraben, verbrannt oder exportiert, Hauptsache: aus den Augen geschafft. Die semantische Verbindung zwischen beiden ist *Dumping*, ein Begriff, der im Englischen das Abladen von Müll bedeutet, als neudeutsches Wort hingegen die Entwertung einer Ware, um sie auf dem Massenmarkt zugunsten eines zukünftigen Gewinns durchzusetzen.

Manche Menschen sind in diesem System Müll. Irgendwann weiß man nicht, wohin damit. Je mehr Menschen, desto mehr Müll, also auch Menschenmüll. Je länger wir uns den Zwängen einer frenetischen Wachstumsideologie beugen, die weltweit zu einer blühenden Konjunktur sozialer Ungerechtigkeit führt, desto mehr werden die Grenzen zwischen Mensch und Müll verwischt. In vielen Teilen der Welt ist dies schmerzhaft gegenwärtig, etwa bei jenen Roma, die auf Müllkippen in Bulgarien leben. Da die Roma-Gesellschaft ein uraltes Kastenwesen aufrechterhält, heißt diese Gruppe *Dale*, abgeleitet von dem indischen Begriff für Unberührbare, *Dalit*. Fast alles, was die Dale umgibt, stammt aus dem Müll. Ihre Behausungen sind Baracken aus aufgesammelten Bruchstücken: Planen und Planken und Pappe. Die Kinder spielen mit Puppen, deren Augen herausgefallen sind, als Spiegel dienen Glasscherben, zu Feiertagen beträufeln sich die Frauen mit Parfüm aus fast leeren Flakons, die sie inmitten des Unrats gefunden haben. Leider sind die Menschen in der bulgarischen Provinz zu arm, um Nahrungsmittel wegzuwerfen, so müssen die Dale das wenige Geld, das sie für zusammengetragenes Altglas erhalten, für Essen ausgeben, eine letzte fragile Verbindung zur Welt der Märkte.

Auch bei uns stecken viele Menschen im Treibsand zwischen Erfolg und Überflüssigkeit fest. Sie kämpfen darum, nützlich zu bleiben, wesentlich zu werden, im Wettbewerb zu bestehen, den drohenden Absturz in die soziale Irrelevanz und materielle Unterversorgung zu vermeiden. Es geht um alles. *To become redundant* lautet auf Englisch die gängige Bezeichnung für den Verlust des Arbeitsplatzes – die wortwörtliche Übersetzung bedeutet »überflüssig werden«. Allein die funktionale Flexibilität, die zunehmend eingefordert und immer öfter unter Beweis gestellt werden muss, steht zwischen dem Einzelnen und der Schutthalde. Wie sehr sie an den Werktätigen zehrt, zeigt das Beispiel von France Telecom. Zwischen 2008 und 2010 brachten sich dreißig Mitarbeiter um, nachdem ein Programm rigoroser Arbeitsplatzflexibilität eingeführt worden war. Und wer einmal in der Müllgrube gelandet ist, der entkommt ihr nur schwer wieder. An diese endgültige Verurteilung erinnern uns täglich die Obdachlosen, ein jeder von ihnen ein ungepflegtes, übel riechendes Memento mori.

Folgerichtig werden die sogenannten Tafeln, jene karitativen Einrichtungen in Deutschland, die wie süßsaure Pilze aus dem Nährboden der sozialen Erniedrigung schießen, mit Nahrungsmitteln bestückt, die von den Supermarktketten wegen abgelaufenen Mindesthaltbarkeitsdatums entsorgt werden müssten. Den Armen wird gnädigerweise das zum Fraß vorgeworfen, was vom reich gedeckten Buffet des Supermarktes hinabfällt. Wie sie selbst ist dieses Essen zwar noch nicht unbrauchbar, aber im Prozess des Verderbens begriffen.

Mehr als eine Million Menschen sind in Deutschland von den wöchentlichen Essensgaben der Tafeln abhängig, eine erstaunliche Zahl, wenn man bedenkt, dass die erste Tafel vor gerade einmal zwanzig Jahren gegründet wurde. Auf langen Reihen von Biertischen liegen Kartons mit Nahrungsmitteln, deren Ablaufdatum fast oder vor Kurzem überschritten wurde, die aber noch nicht zum Himmel stinken. Der gesunde, wohlgeformte Apfel, der es geschafft hat, bei den Qualitätskontrollen der Großeinkäufer zu bestehen (im Aussehen, nicht im Geschmack!), wird zunächst zahlungsfähigen Kunden angeboten. Wenn diese ihn verschmähen, erhält er eine zweite Chance als Almosen, und wenn er auch als solches liegenbleibt, wird er entsorgt.

Die Bezeichnung »Almosen« stimmt nicht ganz, denn manche Tafeln verlangen die Zahlung eines symbolischen Euros, angeblich um dem Essen seinen Wert nicht zu nehmen. Im Spätkapitalismus verteidigt schon ein einzelner Euro die heilige Wertigkeit, das Kostenlose hingegen ist prinzipiell entwertet. Der Selbstwert der Bedürftigen wird weitaus weniger bedacht. Sie müssen einen Armutsausweis vorlegen, als Beweis, dass sie mit Hartz IV oder Rente nicht überleben können. Etwa 1,5 Millionen arbeitende Bundesbürger sind *Aufstocker*, können also von ihrem Lohn nicht würdig leben, manche von ihnen selbst als Vollzeitjobber nicht. Kann das System die Überflüssigkeit eines Menschen überhaupt klarer signalisieren? Sie müssen Schlange stehen, um

Brosamen zu erhalten. Wie ist das mit der laut Grundgesetz zu schützenden Würde des Menschen vereinbar?

Wer es gewohnt ist, durch die einladend ausgeleuchteten Hallen des Überangebots zu flanieren, wird mit den Tafeln keine Bekanntschaft gemacht haben, wird vielleicht nicht einmal von ihrer Existenz wissen. Die Unentbehrlichen und die Überflüssigen begegnen sich in unserer Gesellschaft so gut wie nie. Zu den Mülldeponien führen zwar planierte Straßen, aber diese werden nur von den Lastwagen der Müllabfuhr und jenen Wassertankwagen befahren, die das leicht entflammbare Areal täglich abspritzen müssen. »Normale« Bürger verirren sich nicht in solche Gegenden. Der Großstädter umfährt gekonnt die Ghettos und Problemzonen, er hat die Topografien der Sicherheit verinnerlicht. Wer am Rande des Mülls existiert, wird nicht wahrgenommen. Es ist an der Zeit, die Kategorie der »Unberührbaren« – jene, die weder sichtbar sind noch am Wirtschaftsleben teilhaben können – auch für unsere Gesellschaft einzuführen.

Prekär, der Prekäre, das Prekariat

> *One, two, three, four*
> *join the Marching Jobless Corps*
> *no work in the factory*
> *no more manufacturing*
> *all the tools are broke & rusted*
> *every wheel & window busted*
> *through the city streets we go*
> *idle as a CEO*
>
> Daniel Kahn (engl. Übers.) nach Mordechai Gebirtig,
> *March of the Jobless Corps*

In der Sprache der Soziologen heißt die neue Klasse jener, die im Vorhof der eigenen Überflüssigkeit dahinvegetieren, das Prekariat (früher sprach man von Lumpenproletariat). Der Begriff stammt vom lateinischen *precarius* ab: »erbeten, erbettelt, aus Gnade erlangt (Gnadenbrot), auf Widerruf gewährt, unsicher, unbeständig, vorübergehend«. Damit bezeichnen Wissenschaftler und Journalisten nicht nur Langzeitarbeitslose, sondern auch all jene, die unsicheren Arbeitsverhältnissen ausgeliefert sind, die Zeit- und Leiharbeiter, deren Zahl in unserer Gesellschaft rasant zunimmt. Sie alle sind Opfer einer umfassenden Umstrukturierung der Arbeitsmärkte zugunsten des Kapitals mit dem Ziel einer möglichst freien Verfügbarkeit von billigen und austauschbaren Arbeitskräften. Anstelle der einstigen Arbeitsplatzsicherheit, der langfristigen Treu-und-Glauben-Beziehung zwischen

Arbeitgeber und -nehmer, ist die Kommodifizierung des Tätigen getreten, der nach Gutdünken des Managements und in Reaktion auf die Zwänge eines globalisierten Wettbewerbs ohne Rücksicht auf seine Bedürfnisse eingesetzt und nach getaner Schuldigkeit ohne Kosten und Folgen entsorgt werden kann. Bemerkenswerterweise haben die Sozialdemokraten diese systematische Demontage sozialstaatlicher Rechte und Sicherheiten vorangetrieben, indem sie ihren angestammten Wählern die angeblich notwendigen Opfer untergejubelt haben. Die traditionell linken parlamentarischen Parteien haben der Marktwirtschaft mit einer solchen Ausdauer gedient, dass sie ihre Identität fast völlig eingebüßt haben.

Dieser wachsende »Bodensatz« der Gesellschaft – laut einer Studie der Hans-Böckler-Stiftung von 2013 muss jeder vierte Beschäftigte mit einem Niedriglohn auskommen – genießt kaum noch Arbeitsrechte. Die Gewerkschaften verlieren zunehmend an Einfluss, und Zeitarbeiter, diese gefallenen Arbeiter, können sich nicht organisieren, da sie – zur Flexibilität verdammt – von einer Arbeitsstelle zur nächsten wechseln und nie lange genug in einem Unternehmen verweilen, um sich zusammenzuschließen. Zudem sind sie als Lagerarbeiter, Hilfsarbeiter, Saisonarbeiter auch im Produktionsprozess marginalisiert. Sie haben wenig Aussicht auf Verbesserung ihrer Lage, denn eine kaum durchlässige Mauer trennt Zeitarbeiter von Festangestellten. Die Arbeitslosen hingegen verharren vor den Toren des Schlaraffenlands – laut Angaben der Bundesagentur für Arbeit erhalten nur 34 von 1000 Hartz-IV-Empfängern jemals wieder einen sozialversicherten Arbeitsplatz.

Wenn die Prekären um ihr Recht kämpfen, sind sie umgehend Repressionen ausgesetzt. Als im Frühjahr 2013 Hunderte von Erntehelfern aus Bangladesch, eingesetzt auf riesigen Erdbeerplantagen in Griechenland, die Zahlung des nicht gerade üppigen vereinbarten Tageslohns von 22 € einforderten, schossen die Vorarbeiter auf sie. Nach der Entlassung aus dem Gefängnis wurden einige der Immigranten von der Polizei verhaftet und gleich abgeschoben. Die etwa 120 000 Saisonarbeiter in Südspanien, in der Gegend um Almería, überwiegend Migranten aus Afrika und Osteuropa, sind ebenfalls Bürger dritter Klasse. Ihr Lohn wird willkürlich gekürzt oder wochenlang nicht ausbezahlt. Die Razzien der Behörden haben nur den Zweck, Illegale zu ergreifen und auszuweisen. Der internationale Kostendruck (die Tomaten schmecken nach nichts, kosten aber auch wenig) bedingt eine brutale Ausbeutung der spottbilligen Arbeitskraft, von der die Produzenten allerdings abhängig sind. Zynisch erscheint in diesem Zusammenhang die Verwendung des Etiketts »bio«: Pestizide dürfen nicht verwendet werden, denn diese könnten der Gesundheit der Kunden schaden, Lohnsklaven hingegen nach Belieben eingesetzt.

Ein Sprungbrett nach unten

Hartz IV ist offener Strafvollzug. Es verstößt gleich mehrfach gegen das Grundgesetz. Erstens gegen Artikel 1, weil es kein menschenwürdiges Leben ermöglicht, und zweitens gegen die freie Berufswahl wie auch gegen die freie Entfaltung der Persönlichkeit, weil es Menschen zu Sklaven macht, indem es sie zur Annahme von Arbeit zwingt, die sie nicht ausüben wollen.

Götz Werner, Begründer der Drogeriekette dm

Es ist schwer, präzise Zahlen über das Anwachsen des Prekariats zu recherchieren, weil Arbeitsmarktzahlen und volkswirtschaftliche Statistiken just solche Erkenntnisse zu verschleiern suchen. Laut Erhebungen der Wissenschaftler Klaus Dörre und Frank Deppe von der Universität Jena umfasst es in Japan und Deutschland ein Drittel aller Werktätigen – Länder, die vor nicht allzu langer Zeit international bewundert wurden für die langfristigen und verlässlichen Beziehungen zwischen Unternehmen und Arbeitnehmern. In Südkorea und Spanien umfasst es mehr als die Hälfte. Weltweit machen Kernbelegschaften nur noch 20 Prozent aller Arbeitskräfte aus. Da die Illegalen nicht registriert und somit für kein Amt und keinen Soziologen dieser Welt erfassbar sind, liegt die Dunkelziffer mit Sicherheit höher. Diese Entwicklung wird sich fortsetzen, denn sie ist politisch gewollt. Laut dem jüngst veröffentlichten Programm der konservativen spanischen Regierung zum Kampf gegen die grassierende Jugendarbeitslosigkeit (mehr als 50 Prozent) soll viel Geld investiert werden, um junge Menschen zu Unternehmern heranzuziehen. Der kleine, selbstständige, sich selbst ausbeutende und völlig auf sich allein gestellte Dienstleister ist der künftige Held der Arbeit, denn er belastet die Bilanzen nicht und schmälert auch nicht die Profite, er bedarf keiner Sozialnetze, keiner Absicherung, er ist ein Drahtseilartist, der beim Absturz nur in einen Leichensack gesteckt und beseitigt werden muss. Kein Wunder, dass mit dem Anwachsen des Prekariats auch die Zahl der Selbstmorde steigt, eine Folge des massenhaften Abstiegs in die endgültige Überflüssigkeit. Wenn die Gesellschaft einem Menschen vermittelt, dass er nicht mehr gebraucht wird (es sei denn, es handelt sich um einen reichen Privatier), stellt dieser seine eigene Existenz grundsätzlich infrage.

Die Überflüssigen sind keineswegs überflüssig, lässt man den herrschenden Arbeitsbegriff unserer Zeit außer Acht. Sie pflegen einen gebrechlichen Vater, einen dementen Partner oder widmen sich als alleinerziehende Mütter ihren Kindern. Sie helfen in der Nachbarschaft aus, sie engagieren sich, sie beschenken ihre Verwandten mit Selbstgestricktem (um nur einige beliebige Beispiele zu nennen). Wer seinem behinderten Sohn einen Filterkaffee zubereitet, ist eine Null, wer seinem Chef einen Espresso serviert, ist ein Assistent. Die nichtkommerzielle Fürsorge wird missachtet, gerät ins soziale Abseits.

Organisationen wie die Caritas führen inzwischen den allergrößten Teil ihrer Tätigkeit als Dienstleister aus. Vom Karitativen allein lässt es sich nur noch schwer leben.

Die Ein-Euro-Reservisten

> *One, two, three, four*
> *join the Marching Jobless Corps*
> *we don't have to pay no rent*
> *sleeping in a camping tent*
> *dumpster diving don't take money*
> *every bite we share with twenty*
> *let the yuppies have their wine*
> *bread & water suit us fine.*
>
> Daniel Kahn (engl. Übers.) nach Mordechai Gebirtig,
> *March of the Jobless Corps*

Es ist dem System gelungen, ein Reservoir an kostengünstig verfügbaren Arbeitskräften zu füllen, ohne massive Proteste hervorzurufen. Die schrumpfende Mittelschicht solidarisiert sich mit den Reichen, obwohl sie erkennen müsste, wie wenig Chancen sie besitzt, am Reichtum zu partizipieren (außer natürlich durch die Lotterie). Die Friedfertigkeit der Bevölkerung erklärt sich vielleicht mit dem eklatanten Unterschied zwischen Reservisten und Überflüssigen. Erstere warten mit der grimmigen Energie einer letzten Hoffnung darauf, wieder einberufen zu werden in die Armee der Werktätigen, die Überflüssigen hingegen sind Flaschen ohne Pfand, sie werden weggeworfen, und da der Mensch – abgesehen von den Organen, die er verkaufen kann – als Material kaum wertvoller ist als eine leere Weinflasche, gibt es für seine Verschrottung nicht einmal eine Abwrackprämie.

Ausgrenzung ist eine zwingende Folge der Ökonomisierung von alles und allem. Folgerichtig wächst die Zahl der Inhaftierten, nicht zuletzt aufgrund einer Kriminalisierung von geringfügigen Verstößen gegen die Ordnung. Nach Jahren des Rückgangs werden wieder häufiger Haftstrafen ausgesprochen. In Österreich ist die Zahl der Menschen im Strafvollzug von 5946 im Jahr 1989 auf 8816 im Jahre 2011 angestiegen, in der Schweiz von 2878 im Jahre 2008 auf 3280 im Jahre 2012 und in Deutschland von 46516 im Jahre 1995 auf 62348 im Jahre 2008. Den unfreien Vogel schießen die Vereinigten Staaten von Amerika ab (Weltspitze vor Ruanda und Georgien): 1980 waren 139 von 100 000 US-Amerikanern inhaftiert, 2010 war diese Zahl auf atemberaubende 750 angestiegen. 25 Prozent aller Häftlinge weltweit sitzen zwischen Seattle und Miami ein: insgesamt 2,3 Millionen. Kein Wunder, dass die dortigen Gefängnisse inzwischen vielerorts als profitable Unternehmen geführt werden und sich Richter gelegentlich mit großzügigen Verurteilungen ein Zubrot verdienen. Zwei ehrenwerte Richter aus Pennsylvania haben über die Jahre 2,6 Millionen Dollar von den Betreibern von Jugendstrafanstalten erhalten, um bei Bagatellfällen schwere Strafen auszusprechen (ein Schüler wurde ins Gefängnis geworfen, weil er sich über seinen Rektor auf *Myspace* lustig gemacht hatte) – sie haben den Begriff *Human capital* zu wörtlich genommen. Und im Bundesstaat Texas wurde den zum Tode Verurteilten vor Kurzem die Henkersmahlzeit gestrichen. Im Umgang mit Überflüssigen ist kein Platz für Sentimentalitäten.

Die Nutzlosen und Entbehrlichen auf Freigang werden weder gesehen noch gehört. Die Überflüssigen sind nicht nur arm, sondern auch stimmlos und unsichtbar. Sie dienen zudem verlässlich als Feindbild; die Ressentiments gegen Langzeitarbeitslose haben Hochkonjunktur. Eine wachsende Mehrheit findet, dass sich diese Menschen auf Kosten der Gesellschaft ein bequemes Leben machen. 33 Prozent der Deutschen glauben gar, dass wir uns in Zeiten der Wirtschaftskrise nicht mehr leisten können, allen Menschen gleiche Rechte zu garantieren, und offenbaren damit, dass sie ein zentrales Prinzip demokratischen Denkens nicht begriffen haben: Rechte sind grundsätzlich Versicherungen gegen Krisenzeiten. Wenn die Sonne scheint, braucht kein Bürger einen Schirm (außer jene mit Pigmentstörungen, aber man sollte Metaphern nicht zu sehr unter die Hautarztlupe nehmen). Derweil echauffieren sich die Massenmedien über die Sozialschmarotzer, die sich angeblich ihre komfortable Sozialhilfe vom Staat erschleichen.

Die Oligarchen sind unter uns

Das Geheimnis der großen Vermögen, deren Entstehung unbekannt ist, ist irgendein Verbrechen, das man vergessen hat, weil es geschickt begangen wurde.

Honoré de Balzac, *Vater Goriot*

Wie schon einst Aristoteles scheinen viele Meinungsträger zu befürchten, die Demokratie sei eher vom Plebs bedroht als von den Oligarchen. Es vergeht kaum ein Tag, an dem die Medien nicht über wachsende Ungleichheit sowie über dubiose Methoden, sein Geld vor dem Staat zu verstecken, berichten – die Löcher in den Säckeln einerseits, die berstenden Safes andererseits. Die Bürger glauben Bescheid zu wissen: Wer viel Knete hat, bunkert diese auf Konten in Luxemburg, Liechtenstein, der Schweiz oder auf sogenannten Offshore-Accounts. Zwei Drittel der Bevölkerung in Deutschland besitzen so gut wie nichts, das reichste Zehntel verfügt über 61 Prozent des Gesamtvermögens. Ein Prozent verfügt gar über ein Viertel aller Vermögenswerte. In Österreich klammert sich die unterste Hälfte an fünf Prozent des privaten Vermögens, während fünf Prozent der Haushalte knapp die Hälfte des Gesamtvermögens kontrollieren. Weltweit sieht es noch extremer aus: Zwei Prozent halten mehr als die Hälfte allen Vermögens. Im Jahre 2011 gab es weltweit 1210 Dollarmilliardäre mit einem kumulierten Vermögen höher als das Bruttoinlandsprodukt Deutschlands. Und von der massenhaften Verelendung der letzten Jahre – die Krise hat 40 Prozent des Privatvermögens der Mittelklasse vernichtet – haben die Reichsten der Reichen profitiert. Mit dem Jahreseinkommen eines der zehn reichsten US-Amerikaner könnten alle 633 000 Obdachlosen in den USA für ein Jahr würdevoll untergebracht werden (setzt man eine Miete von monatlich 558 Dollar an). Die zehn erfolgreichsten Hedgefonds-Manager rafften im Jahre 2012 10,1 Milliarden Dollar zusammen – mit diesem Geld könnte man 250 000 Grundschullehrer oder 196 000 Krankenschwestern einstellen. Wen das nicht schockiert, hat weder Herz noch Verstand.

Ein Duktus der folgenlosen Empörung hat sich eingebürgert, in etwa so wie die Tiraden des gemeinen Bürgers über den Stau, dem er auf der Fahrt in den Feierabend ausgeliefert ist. Die öffentliche Debatte bleibt zahm, weil sie unter einem Tabu leidet. Wir diskutieren stets, in welchem Maß umverteilt werden soll (besonders beliebt die Debatte um den Höchststeuersatz), nicht aber, ob Demokratie mit Vermögenskonzentration überhaupt vereinbar ist. Wir streiten uns um kosmetische Operationen, statt eine grundsätzliche Heilung anzustreben. Das beginnt schon mit der Sprache. Die sehr Reichen heißen bei uns Superreiche, selten Oligarchen. Wir tun so, als hätten wir oligarchische Strukturen durch die parlamentarische Demokratie überwunden und verwenden das Wort nur, um im selben Atemzug demokratische

Defizite zu benennen, vor allem, wenn es um Russland geht. Dabei gibt es keinen Zweifel, dass es sich bei den heimischen Krösussen um Oligarchen gemäß der gängigen politikwissenschaftlichen Definition handelt: Oligarchen sind gesellschaftliche Akteure, die ihr massives Vermögen zu verteidigen wissen sowie in politischen Einfluss ummünzen können. Keines der Regulative der parlamentarischen Demokratie verhindert eine weitere Konzentration des Vermögens in den Händen einer oligarchischen Elite.

Der Einfluss dieser Oberkaste ist historisch gesehen erstaunlich resistent gegen Angriffe von außen. Seit dem Altertum herrscht die Überzeugung vor, es sei ungerecht, das Ungleichgewicht, das sich aus Vermögenskonzentration ergibt, zu korrigieren. Viele Ungerechtigkeiten sind erkannt, bekämpft und überwunden worden, doch beharrlich hält sich die Auffassung, es sei falsch, gar böse, massiv konzentrierten Wohlstand zu verhindern oder zu zerschlagen. Unter allen bekannten Formen der Ungleichheit ist im *Mainstream* allein die oligarchische Macht noch nicht grundsätzlich infrage gestellt worden.

Kaum wagt einmal jemand einen Vorstoß in diese Richtung, heulen die medialen Wachhunde des Vermögens auf. Der Spitzensteuersatz »greift den Reichen in die Tasche«, er sei »exorbitant«, die Diskussion »fördert den Sozialneid«. Es werden Interviews mit Experten geführt, die bei einer höheren Belastung der Vermögen den Untergang des Abendlandes vorhersehen. Kein Wunder, sind diese doch Teil einer florierenden Branche, der Vermögensverteidigungsindustrie, bestehend aus umtriebigen Buchhaltern, Rechtsanwälten, Steuerberatern und Lobbyisten. Denn der einzige Angriff, gegen den ein Oligarch sein exorbitantes Vermögen im Westen verteidigen muss, ist die Besteuerung durch den Staat. Extremes Vermögen erlaubt einem, die eigenen Kerninteressen auf umfangreiche Weise zu schützen. Michael Bloomberg, Milliardär und New Yorker Bürgermeister von Geldes Gnaden, erklärte einmal hierzu süffisant: »Man kann jene, die mobil sind, gar nicht überbesteuern!« Die Steuerzahlen aus Deutschland belegen Bloombergs elitäre Zuversicht. Laut den Publizisten Sascha Adamek und Kim Otto entgehen dem Bund aufgrund von zu laxer oder zu schwieriger Verfolgung von Steuersündern jährlich atemberaubende 70 Milliarden Euro. Steuerbetrüger hätten schon mehr als 500 Milliarden Euro außer deutschen Landes gebracht.

Massiver persönlicher Reichtum beschädigt den Gleichheitsanspruch, auf den eine halbwegs demokratische Gesellschaft nicht verzichten darf. Es gibt kaum eine extremere Form von sozialer und politischer Machtkonzentration. Materielle Ungleichheit bedingt politische Ungleichheit. Geld ist Macht, sagt der Volksmund. Der überproportionale Einfluss der Oligarchen ist uns allen bekannt, und doch wird im konventionellen Diskurs so getan, als wären wir alle gleich, weil jeder von uns beim Wählen eine Stimme hat.

Die enorme Ungleichheit als gesellschaftliches Problem wird mit der Schutzbehauptung weggewischt, die Privilegien der Wenigen verurteilten keineswegs die Besitzlosen zu einem Leben voller Gefährdungen. Wohlstand sei kein Nullsummenspiel. Doch selbst wer den kausalen Zusammenhang zwischen Armut und Reichtum leugnet, wird das historische Faktum nicht abstreiten können, dass materielle Ungleichheit zu sozialen Konflikten führt. Statt dies zu problematisieren, erklärt eine Armada von Analysten der Öffentlichkeit mit der Regelmäßigkeit einer Gelddruckmaschine, das Wohl der Wenigen komme der Mehrheit zugute (der Trickle-Down-Effekt), was empirisch so sehr bewiesen ist wie die unbefleckte Empfängnis.

Wir vergessen meist, dass Eigentum Verhandlungssache ist. Der Satz »das gehört mir« kann jederzeit infrage gestellt werden durch ein »sagt wer?« oder »wieso?«. In Krisenzeiten steht der Schutz des Eigentums eher zur Disposition, die Menschen sehen über zivilrechtliche Konventionen schneller hinweg. Es ist höchste Zeit, dass wir massives Vermögen grundsätzlich infrage stellen, denn es gefährdet das Gemeinwohl und ist moralisch nicht zu rechtfertigen. Wer das Thema umgeht, ist der Vermögensverteidigungsindustrie anheimgefallen, die neben der Geldwäsche auch die Gehirnwäsche beherrscht. Der beschäftigte Bürger soll glauben, dass jene, die langfristig oder gar permanent keinen Beitrag zum Wohlstand der Nation leisten (der ja, wie gerade ausgeführt, zum größten Teil der Wohlstand der Wenigen ist), weil sie keiner Lohnarbeit nachgehen, per se eine parasitäre Existenz führen. Hat man das einmal verinnerlicht, liegt die unsentimentale Frage nahe, wieso die Gesellschaft solche Parasiten durchfüttern soll. Alle propagandistischen Wege führen dann zu der logischen Schlussforderung: Es gilt die Armen zu bekämpfen, nicht die Armut.

Die Rache des Kellners

> *One, two, three, four*
> *join the Marching Jobless Corps*
> *worked & paid our union dues*
> *what did years of that produce?*
> *Houses, cars & other shit*
> *for the riches benefit*
> *what do workers get for pay*
> *hungry, broke & thrown away*
>
> Daniel Kahn (engl. Übers.) nach Mordechai Gebirtig, *March of the Jobless Corps*

Im Gegensatz zu den wohlfeilen Euphemismen, die täglich medial durch die Echoräume unserer Gleichgültigkeit hallen, reden die Reichen *entre eux* gelegentlich Tacheles. Im Sommer 2012 nahm ein Kellner die Rede des Präsidentschaftskandidaten der Republikaner, Mitt Romney, auf und spielte sie der Zeitschrift *Mother Jones* zu. Der Kellner (wohl »promigeil« konditioniert wie viele von uns) hatte eigentlich vor, sein Smartphone zu nutzen, um sich Seite an Seite mit Romney ablichten zu lassen, doch kaum hob dieser mit seiner Tirade an, verwandelte sich der Souvenirjäger ad hoc in einen investigativen Journalisten.

Romney hatte zuvor wie jeder andere Präsidentschaftskandidat tagein, tagaus verkündet, dass er allen Amerikanern helfen wolle, dass ihm das Wohl aller am Herzen liege, er wurde nicht müde, auf die wachsende Zahl der in den letzten vier Jahren verarmten Menschen hinzuweisen (in den USA sind inzwischen 47 Millionen, etwa ein Sechstel der Bevölkerung, von Lebensmittelmarken abhängig). Meist schloss der gläubige Mormone mit dem Satz: »This is a campaign about helping people who need help.« In Florida aber, bei einem Dinner mit extrem vermögenden Unterstützern, ließ er die rhetorische Maske fallen: 47 Prozent der Bevölkerung seien Parasiten, die vom Staat abhingen, keine Steuern zahlten, Ansprüche stellten und sich zudem noch als Opfer des Systems begriffen (übrigens nennen ebenfalls 47 Prozent kein Vermögen ihr Eigen). Mitt Romneys Stimme triefte vor Verachtung.

Kaum wurde dieser ehrliche Ausrutscher öffentlich, erklärte Romney in einer eilends einberufenen Pressekonferenz mit zuckriger Stimme, er wolle für all diese Menschen Jobs schaffen, die ihnen ein würdigeres Leben ermöglichten. Das ist reine Augenwischerei. Als international erfolgreicher Geschäftemacher weiß er, dass es angesichts fortschreitender Globalisierung und Automatisierung unmöglich sein wird, für den allergrößten Teil dieser Menschen menschenwürdig bezahlte Arbeit zu schaffen – die von ihm gegründete Bain Capital schloss just in jenen Wahlkampftagen den profitablen Automobilzulieferer Sensata in Freeport, Illinois, um die Produktion nach China zu verlegen.

Die spontane, subversive Reaktion des Kellners offenbart, welche Gefahren auf die oligarchischen Eliten samt der Hybris ihrer sozialdarwinistischen Haltung lauern: Das Prekariat, aus dessen Reihen sich die billigen Arbeitskräfte rekrutieren, die ihnen Cocktails servieren, könnte es eines Tages leid sein, allein auf Trinkgelder zu hoffen (in vielen US-amerikanischen Bundesstaaten beträgt der Mindestlohn pro Stunde in dieser Branche sage und schreibe 2,13 Dollar). »Eat the Rich« hieß ein wunderbarer englischer Film aus dem Jahre 1987, eine satirische Antwort auf die Politik Margaret Thatchers. Wer wen am Ende frisst, wird sich noch erweisen.

Die Welt ähnelt zunehmend den Zügen im indischen Bundesstaat Bihar, der rückständigsten Region des Subkontinents. Einige wenige haben es sich in der 1. Klasse bequem gemacht, weitere Halb- und Viertelprivilegierte sind in der 2. und 3. Klasse untergebracht, beengt, aber immerhin mit einem Dach über dem Kopf, vor Sonne und Regen geschützt im Gegensatz zum Großteil der Passagiere, der dem Wetter ausgesetzt ist, auf dem Dach sitzend, an den Türen hängend, zwischen den Wagen kauernd. Gelegentlich fällt einer aus Müdigkeit und Schwäche vom Zug, während andere aufzuspringen versuchen, oft vergeblich, denn der Zug fährt inzwischen mit einer Geschwindigkeit, die es einem unmöglich macht, wie einst in den gemütlichen Hollywood-Filmen dem Zug hinterherzulaufen. Die Züge rasen in eine zwielichte Zukunft, und jene, die sich von außen daran klammern, haben panische Angst, dass sich ihr schwächer werdender Griff eines düsteren Augenblicks lösen wird.

Die Schattenseite des Überflusses ist der überflüssige Mensch.

Stigmatisiert, selbstoptimiert

Im Mai 2013 brannten die Straßen in Husby, einem Stadtteil von Stockholm. Ob er denn glaube, das Anzünden von Autos könne Probleme lösen, fragte eine TV-Journalistin einen der Brandstifter.
»Nein«, sagte der junge Mann, »aber jetzt hören uns wenigstens alle zu.«
Die Reporterin des schwedischen Fernsehens SVT setzte nach:
»Was wollt ihr denn sagen, jetzt, da alle zuhören?«
»Wir wollen behandelt werden wie alle anderen.«
Der schwedische Ministerpräsident Fredrik Reinfeldt interpretierte die Revolte anders: »Wir haben es mit jungen Männern zu tun, die glauben, man kann und soll die Gesellschaft mit Gewalt verändern.« Abgeschminkt gesagt: Wenn die Unsichtbaren aufbegehren, wollen sie eine Gesellschaft verändern, zu deren Mängeln es gehört, junge Menschen wie diese auszugrenzen. Die Proteste wurden – wie viele andere in europäischen Großstädten in den Jahren zuvor – durch polizeiliche Willkür entzündet (ein älterer Mann verstarb in Polizeigewahrsam unter merkwürdigen und ungeklärten Umständen).
»Wir fühlen uns von der Polizei schikaniert«, sagte noch der junge Mann in dem Fernsehinterview. Kontrollen und Drogenrazzien seien an der Tagesordnung.

»Wir möchten«, fügte ein anderer Aktivist hinzu, »dass die Politiker hierherkommen und mit uns Jugendlichen sprechen.«
Der Stigmatisierte wünscht sich – geradezu rührend bescheiden –, sichtbar zu sein und als Gesprächspartner respektiert zu werden.

Wie kann ein Leben wertlos und gleichzeitig Träger universeller Menschenrechte sein? Um dieses moderne Paradox zu erklären, bedient sich der italienische Philosoph Giorgio Agamben des Rückgriffs auf eine Figur aus dem römischen Recht, des *Homo sacer*, der ungestraft getötet, aber nicht geopfert werden durfte. Er befand sich außerhalb des Rechtssystems, weder geschützt durch Normen noch durch religiöse Gebote (trotz seines geheiligten Namens). Er befand sich außerhalb menschlichen wie göttlichen Rechts. Als Geächteter oder Gesetzloser ausgegrenzt zu werden war in den zwei Jahrtausenden seitdem das Schicksal jener, die sich in das herrschende System nicht fügen wollten oder konnten. Auch im Mittelalter wurde die Tötung eines Geächteten nicht sanktioniert, im Gegenteil, manchmal wurde sie sogar belohnt. Um diese Aussonderung innerhalb eines herrschenden Dogmas zu rechtfertigen, das von der gottgegebenen Würde des Einzelnen ausgeht, musste der menschliche Wert des Betroffenen negiert werden. Das deutsche Wort »vogelfrei«, seit dem 16. Jahrhundert in Gebrauch, deutet es semantisch an: ein Vogel gehört demjenigen, der ihn fängt. Er darf ihn rupfen oder essen, halten oder freisetzen. Manchmal galt der Gesetzlose rechtlich als verstorben, seine Frau als Witwe, seine Kinder als Waisen, mit entsprechenden Folgen für das Hab und Gut der Familie. Die Zerstörung oder Konfiszierung seines Eigentums waren die logischen Folgen dieses »rechtlichen Todes«, der in einigen Aspekten der Lage der Stigmatisierten in unserer Zeit entspricht, die sich allerdings durch ihre missliche soziale Lage quasi selbst enteignet haben – die Folge ist der konsumbürgerliche Scheintod.

Geächtet, gar wertlos waren jahrhundertelang auch jene, die draußen vor der Festung der Zivilisation hausten. Der Begriff *Rechtsordnung* beinhaltet auch eine Welt jenseits des Regulierten, deutet auf einen bedrohlichen Wildwuchs, der von der Zivilisation bezwungen werden muss, gerodet, geordnet und desinfiziert, um sich gegen jene zu schützen, die das Chaos in sich tragen wie einen tödlichen Bazillus – den Eingeborenen. »Exterminate all the brutes« (Rottet die Bestien alle aus), schreibt der an seinem zivilisatorischen Auftrag verrückt gewordene Kurtz als letzten Eintrag in sein Notizbuch. In ihrer eurozentrischen Verblendung haben unzählige Literaturwissenschaftler Joseph Conrads »Herz der Finsternis« auf das barbarische Afrika bezogen und nicht auf das genozidale Europa, das sich aufgemacht hatte – ausgestattet mit Größenwahn und überlegener Technik –, den Dschungel niederzubrennen, mit Hecken zu bepflanzen und in der Folge alles Ungeziefer zu vertilgen. Die vogelfreien Barbaren waren schlimmer als überflüssig, sie standen dem gottgenehmen Fortschritt im Weg, sie waren antiquiert und anachronistisch, insofern hat man ihnen den Gefallen der Vernichtung getan, indem man sie aus ihrer zwar unverschuldeten, aber unkorrigierbaren Unzeitgemäßheit befreit hat.

Dieser Prozess ist (fast) abgeschlossen. Der heutige *Homo sacer* ist daher der gefallene Konsument. Alles ist verzeihlich, nicht aber der Konsumverzicht. Dieser unterwandert das kapitalistische System in ähnlicher Drastik wie der Hungerstreik eines Häftlings das Gefängnissystem, weswegen Letzterer im Regelfall zwangsernährt werden muss. Der Konsumlose trägt ein Stigma (wie auch ein ehemaliger Häftling), besonders evident bei jenen, die von der Müllhalde leben. Weil sie nichts außer unseren Abfall konsumieren, sind sie endgültig entwertet. Der »gesunde« Bürger kauft Neuware ein, der lädierte Bürger frequentiert die Second-Hand-Läden, wer aber nur die Müllkippe als Konsumtempel kennt, der kann – das leuchtet bestimmt jedem ein – kein vollwertiger Mensch sein. Er ist ein Kollateralschaden des Konsumzwangs.

Die Bewohner unserer Großstädte sind an jedem Tag ihres Lebens Tausenden Werbebotschaften ausgesetzt, die teilweise unbewusst wahrgenommen werden, gegen die man sich somit kaum schützen kann. Mit suggestiven Einflüsterungen und dominanten Feuerwerken wird uns eingetrichtert, dass wir etwas, von dem wir gestern nichts wussten, unbedingt benötigten, dass unser

Leben ohne dieses Etwas unvollständig sei, also beheben wir sofort den Mangel und ahnen bereits, wie viele andere Lücken noch zu schließen sind. Das brauchst du, brauchst du, brauchst du, das liebst du, liebst du, liebst du. Shopping ist ein Hamsterrad, in dem sich unsere Lebenslust austoben soll. Kein Platz ohne Markt, keine Fußgängerzone ohne Stände, kein Gerüst vor prominenten Gebäuden ohne Reklametafeln, und dass die Rasenflächen in unseren Parks frei genutzt werden können, wird an manchen Orten auch schon infrage gestellt – wie neulich von privaten Sicherheitskräften in dem barocken Wiener Augarten, der seit 1775 öffentlich zugänglich ist, denn zur Aufklärung gehörte die Befreiung des öffentlichen Raums von aristokratischer Eigennutzung (als Kaiser Joseph II. daraufhin mit dem Unmut der Adligen konfrontiert war, die sich beschwerten, sie könnten nirgendwo mehr *entre eux* sein, erwiderte er: »Wenn ich unter meinesgleichen verkehren wollte, müsste ich den ganzen Tag durch die Kapuzinergruft spazieren.«).

Nirgendwo ist die kommerzielle Okkupation des öffentlichen Raums so sichtbar wie auf Flughäfen. Können Sie sich noch an Terminals erinnern, deren vorrangige Aufgabe es war, den Abflug zu ermöglichen, den Transit zu erleichtern? Heute bezahlen wir unseren Reisewunsch mit einem Konsumrutenlauf. Der frei begehbare Raum ist zu einem engen Korridor geschrumpft, von den allgegenwärtigen Duty-Free-Shops in die Enge getrieben, vielerorts sogar abgeschafft worden. Die Pläne für den neuen Flughafen Berlin Schönefeld (bezahlt mit Steuergeldern von astronomischer Höhe) sehen vor, dass die Passagiere nach der Sicherheitskontrolle eine Einkaufszone durchschreiten müssen, bevor sie zu den Abfluggates gelangen. Ein anderer Zugang ist nicht vorgesehen. Alle Wege führen durch ein zollfreies Dorado. Und weil sich die Konsumtempel ausbreiten, entschwinden die Fürsorgestationen in die verwirrenden Tiefen des Unterbaus. Es dauerte vor einigen Jahren eine gute halbe Stunde, bis ich im brandneuen Terminal 5 von London Heathrow das Büro fand – so gut versteckt, dass mehrere Mitarbeiter mir keine nützliche Auskunft geben konnten –, in dem ich meine allein anreisende minderjährige Tochter abholen konnte. »Wir haben uns schon mehrfach beschwert«, sagte eine der Mitarbeiterinnen, »aber gegen die Duty-Free-Läden kommen wir nicht an.«

Dort kauft der Selbstoptimierte – exemplarischer Typus des neuen Menschen – Deodorants und Parfüms ein, um seinen schweißtreibenden Versuch, konkurrenzfähig zu bleiben, olfaktorisch zu neutralisieren. Beim Kampf um die eigene Konsumbefähigung sollte man eine *Bella figura* abgeben. In Wirklichkeit sind die Selbstoptimierungsprogramme, denen sich immer mehr Menschen unterwerfen, individuelle Wiederaufbereitungsanlagen, die zum Himmel stinken.

Können Sie noch mithalten? Sind Sie gut genug? Wenn jeder Zweite entlassen werden soll, zu welcher Hälfte werden Sie gehören? Sehen Sie sich eher als Loser oder als Winner? In dem Maß, in dem der Mensch zur Ressource wird, über welche die Arbeitsagenturen nach Belieben verfügen können, wird der Einzelne gezwungen, seinen Geist und Körper fortwährend zu optimieren. Gewohnt, vom Computer regelmäßig über die neusten Versionen seiner Software oder seiner Apps informiert zu werden (samt den Angaben über die behobenen Fehlerquellen und die gesteigerten Leistungsmöglichkeiten), akzeptiert ein Mitläufer, der Ambitionen zum Überflieger hat, die Notwendigkeit, seinen Körper und seinen Geist selbst upzugraden. Da ihm suggeriert wird, dass man alles regulieren kann, indem man es in Module zerlegt, analysiert und adaptiert, verbessert er sich selbst mit zwölf Schritten oder anhand von 48 Gesetzen oder auf sieben Wegen oder in 64 Positionen. Die Messbarkeit der eigenen Fähigkeiten und ihres Steigerungspotenzials ist die entscheidende Grundannahme. Er trägt einen Sensor am Handgelenk, der ihm mitteilt, wie nahe er seinem selbst gesteckten Ziel schon gekommen ist, denn es existiert nur, was gemessen werden kann. »Die Datenbank ist sein Beichtstuhl, der Dienst an der Technik sein tägliches Gebet« in der zugespitzten Formulierung von Juli Zeh. Er tauscht seine Daten mit Millionen anderer User im Internet aus, auf Webseiten, die ihm administrative Hilfestellung leisten, indem sie die reale Konkurrenz des Arbeitslebens abbilden. Wie viele Energiepunkte haben Sie heute schon gesammelt? Wie viele Kilometer sind Sie schon gelaufen? Wie hat sich Ihr BMI seit letzter Woche verändert? Wenn der Selbstoptimierer von inneren Werten spricht, meint er seine Blutwerte. Er behandelt seinen Körper wie eine Maschine. In einer Welt, in der Arbeit zunehmend durch Automatisierung bestimmt wird, versucht sich der Mensch der funktionalen Zuverlässigkeit einer Maschine anzunähern. Er bildet sich ein, er könnte perfekt werden oder den Tod überlisten – berühmte Selbstoptimierer wie Timothy Ferriss oder Ray Kurzweil schlucken täglich eine halbe Apotheke an Nahrungsergänzungsmitteln und durchleuchten regelmäßig ihren Körper mit wissenschaftlicher Präzision, um das Altern so lange aufzuhalten, bis der Tod heilbar geworden ist. Der Selbstoptimierer ist ein heteronomes Wesen mit einem vermeintlich autonomen Trainingsprogramm; er verwechselt Schönheit mit Makellosigkeit; er will das Leben nicht genießen, sondern als Gewinner auf der Bühne bleiben.

Lohnarbeit ade

Es gab einen Malocher zu Beginn der Industriellen Revolution, dessen Arbeitsplatz Anfang des 20. Jahrhunderts verschwunden ist: das Pferd. Die Zahl der Arbeitspferde erreichte ihren Höhepunkt in England lange nach dem Einsetzen der Industriellen Revolution, im Jahre 1901, als 3,25 Millionen von ihnen zur Arbeit gezwungen wurden. (…) Doch die Einführung des Verbrennungsmotors ersetzte sie so rapide, dass 1924 nur noch zwei Millionen übrig geblieben waren. Es existierte stets ein Lohn, bei dem all diese Pferde weiterhin Arbeit gefunden hätten. Doch dieser Lohn sank so sehr, er reichte eines Tages nicht einmal mehr fürs Futter.

Erik Brynjolfsson/Andrew McAfee, *Race Against the Machine*

Vielleicht sind die Selbstoptimierer Visionäre, die den kommenden Krieg zwischen Mensch und Maschine vorhergesehen haben und sich dafür wappnen? Denn während Sie diese Zeilen lesen, wird schon jemand trainiert, der Sie an Ihrem Arbeitsplatz ersetzen soll. Der Konkurrent ist nicht so intelligent wie Sie, dafür aber zuverlässiger, beständiger und billiger, zumal er weder ein Kaffeekränzchen noch eine Mittagspause benötigt. Er ist in der Lage und willens, Tag und Nacht zu arbeiten, er verlangt weder nach Sozialversicherungen, noch lässt er sich krankschreiben, und er dreht keine Däumchen am Arbeitsplatz, nicht nur weil er entsprechend programmiert worden ist, sondern weil er keinen Daumen hat. Natürlich gilt dieses Zukunftsszenario nicht für alle Berufe. Wenn Sie Ihr Geld als Geschäftsführerin, Klempner, Astrophysiker oder Friseurin verdienen, stehen Ihre Chancen gut, in absehbarer Zeit nicht ersetzt zu werden. Wenn Sie aber als Kassiererin arbeiten, sind Ihre Tage gezählt. Die Metro Group betreibt in Tönisvorst bei Düsseldorf einen *real,- Future Store* (die Zukunft wird grundsätzlich nur auf Englisch bespielt): »Angesichts der zunehmend komplexen Marktbedingungen gilt es für den Handel, Prozesse zu optimieren, Kosten zu senken sowie kundenindividuelle Angebote und Serviceleistungen zu etablieren. Innovationskraft und technologischer Fortschritt sind die Voraussetzungen, um diese Ziele zu erreichen – moderne Handelsunternehmen müssen Erfolg versprechende Ideen zügig umsetzen und innovative Technologien frühzeitig nutzen.«

Mithilfe eines Mobilen Einkaufsassistenten (MEA) kann der Kunde die Produkte auf seinem digitalen Einkaufszettel mühelos in den weiträumigen Hallen finden und gleich einscannen, sodass er an der Kasse nur noch sein Smartphone vor ein entsprechendes Lesegerät halten muss, um den automatischen Zahlungsverkehr einzuleiten. Alternativ kann der Kunde seinen Einkauf per Fingerabdruck begleichen, wenn er sich für diesen Service eingetragen hat. Er legt Zeigefinger auf einen Scanner, der neben der Fingerstruktur auch Temperatur und Oberflächenspannung registriert.

Als eine Bekannte neulich in einem Supermarkt der Kette *Zielpunkt* ein Päckchen abholte (die nahe gelegene Post war vor Kurzem geschlossen worden), musste sie den Geldschein, mit dem sie die Gebühr bezahlen wollte, in einen Automaten schieben, der ihr daraufhin das Wechselgeld klirrend herausgab. Die Maschine ist, wie dieses Beispiel zeigt, nicht nur effizienter, sondern auch vertrauenswürdiger. Und wenn Ihnen dieses Beispiel nebensächlich erscheint, weil es nur die paar Angestellten an den Kassen des Supermarkts bei Ihnen um die Ecke betrifft, werden Sie erstaunt sein zu hören, dass allein in den USA 3,5 Millionen Menschen als *Cashiers* ihr Brot verdienen. Ganz zu schweigen von den 4 Millionen Verkäufern und den 2,3 Millionen Lagerarbeitern im Einzel- und Großhandel, deren Tätigkeit größtenteils bald auch automatisiert werden wird.

Es ist einem Computer schon vor Jahren gelungen, den weltbesten Schachspieler zu schlagen – wie wahrscheinlich mag es wohl sein, dass eine entsprechend entwickelte und programmierte Maschine bald Ihre Tätigkeit übernehmen kann? Gewiss, manche Formen der Kreativität und sprachlicher Kompetenz werden auf absehbare Zeit Alleinstellungsmerkmale des Homo sapiens bleiben (allerdings werden in unserem Bildungssystem just diese Qualitäten wenig entwickelt); das idiosynkratische Denken eines nicht gleichgeschalteten Individuums wird voraussichtlich noch lange die Fähigkeiten der Künstlichen Intelligenz übersteigen (die euphorischen Vorhersagen jener Wissenschaftler, die der Künstlichen Intelligenz huldigen, sollte man nicht für bare Münze nehmen). Doch die meisten Jobs bestehen aus Routine, und in der Wiederholung des ewig Gleichen ist die Maschine dem Menschen weit überlegen. Selbst die komplexesten Abläufe können programmiert werden, auch wenn es gegenwärtig zu aufwendig oder kostspielig sein mag. Noch erweist es sich in manchen Branchen als billiger, das Lohnniveau der Arbeiter niedrig zu halten bzw. noch weiter nach unten zu drücken, statt in automatisierte Fertigung zu investieren, aber es handelt sich hierbei um einen vorübergehenden Aufschub des Unvermeidlichen (fragen Sie die englischen Pferde).

Drei bislang unwiderlegte Gesetze sprechen in diesem Zusammenhang Zukunftsbände: Unter Informatikern gilt das Moore'sche Gesetz weiterhin ohne Einschränkung, die Maxime, dass die Rechenkapazitäten eines Computers sich alle 18 Monate verdoppeln, so benannt nach einer Feststellung von Gordon Moore, Mitbegründer von Intel, aus dem Jahre 1965. Das exponentielle Tempo des technologischen Fortschritts ist in den knapp fünfzig Jahren seitdem bemerkenswert konstant geblieben, sodass es nur noch eine Frage der Zeit ist – und seien es auch einige Jahrzehnte, die Fehlermarge ist bei Prognosen stets beachtlich –, bis selbst qualifizierte Arbeitskräfte ersetzt und in den Produktionsstätten höchstens noch einige hochspezialisierte Maschinenparkaufseher beschäftigt sein werden. Das zweite Gesetz – Norbert Wieners berühmtes Kybernetisches Gesetz – geht sogar davon aus, dass es weder theoretische noch praktische Einwände gebe, in allen Bereichen der Produktion geschlossene Automationskreisläufe einzurichten, also die Herstellung der Maschinen wiederum Maschinen zu überlassen. Doch nicht nur die Warenproduktion ist betroffen. Das dritte Gesetz, Moravec's Paradox, beschreibt die bisherige Erfahrung aus der Laborarbeit, nämlich dass es schwieriger ist, Maschinen mit sensorisch-motorischen Fähigkeiten auszustatten als mit hoch entwickelter Intelligenz. Was dem Menschen leichtfällt, kaum dass er gehen und greifen gelernt hat, ist für Roboter bislang eine enorme Herausforderung. Hochgezüchtete Intelligenz ist hingegen ein Kinderspiel. Maschinen können etwa medizinische Untersuchungen und Analysen besser bewältigen als Gartenarbeit. Rod Brooks vom Massachusetts Institute of Technology sieht voraus, dass die Ärzte zukünftig eine ähnliche Aufgabe erfüllen werden wie die Lufthansa-Piloten von heute: den Patienten bzw. Passagieren Zuversicht zu vermitteln sowie im seltenen Fall kontrollierend einzugreifen.

In bestimmten Bereichen kann sich die skizzierte Entwicklung aus unterschiedlichen Gründen verzögern, aber die globalen Triebkräfte der Effizienzsteigerung und Profitmaximierung werden der massenhaften Lohnarbeit unausweichlich den Garaus machen. In der industriellen Landwirtschaft ist die Entwicklung bereits stark vorangeschritten. Eine US-amerikanische Farm mit weniger als 700 Hektar ist unrentabel und könnte ohne Subventionen nicht überleben. Wenn zukünftig eine Hundertschaft von ferngesteuerten Traktoren zum Ernteeinsatz kommt, werden die Farmen die Größe des Saarlands haben müssen, und der Anteil der landwirtschaftlich Beschäftigten wird noch weiter sinken, von gegenwärtig ein Prozent der Bevölkerung auf ein Hundertstel Prozent. Der Baumwollanbau in Texas zum Beispiel ist schon wortwörtlich eine *One-Man-Show* – es reicht die Arbeitskraft eines einzigen Farmers, unterstützt von entsprechenden Maschinen und Chemikalien. Die traditionelle Landwirtschaft ganzer Regionen ist dabei, unrentabel zu werden, weswegen die Kleinbauern keine Zukunft im Kapitalismus haben.

Unter den Bedingungen eines zugespitzten globalen Wettbewerbs kann es sich kein größeres Unternehmen leisten, bei der Automatisierung seiner Produktionsabläufe zurückzubleiben. Dieser Zwang wirkt auch in den Billiglohnländern. Foxconn, der weltweit größte Computerproduzent mit Werken in China und Taiwan, will im Zeitraum von 2012 bis 2014 in eine Million Roboter investieren, um – laut Aussage des Firmengründers Terry Gou – wachsende Lohnkosten zu bekämpfen und die Effizienz zu verbessern. Das bedeutet, dass schon in einigen Jahren bei Foxconn mehr Roboter als Menschen arbeiten werden.

In Anlehnung an die bahnbrechende Arbeit des bulgarischen Mathematikers Georgi Konstantinow möchte ich diesen radikalen Wandel von Wirtschaft und Gesellschaft durch Computer (elektronische Technologie) und automatisierte Prozesse (Roboter), die *robotronische Revolution* nennen. Sie betrifft alle Branchen der Wirtschaft, den Produktions- wie den Dienstleistungsbereich, den Energie- und den Transportsektor, den Handel wie auch das Bankwesen. Sie führt zudem zu einer Konzentration in der Unternehmenswelt. Die Positionierung der eigenen Produkte auf den internationalen Massenmärkten gerät zur Überlebensfrage. In diesem Kampf setzen sich diejenigen durch, die den höchsten Grad an Effizienz und Rentabilität erreicht haben. Die meisten existierenden Firmen werden früher oder später liquidiert bzw. geschluckt, wie das Beispiel der Automobilindustrie zeigt, eine der Branchen, die schon früh und in großem Umfang auf Rationalisierung und Automatisierung gesetzt hat – gegenwärtig sind weniger als zwei Dutzend multinationale Wettbewerber übrig geblieben.

Die allermeisten Ökonomen ignorieren diesen Paradigmenwechsel bislang. Innerhalb des Dogmas der klassischen und herrschenden Volkswirtschaftslehre ist Lohnarbeit eine *unerschöpfliche* Ressource, da technologischer Fortschritt im Zusammenspiel mit dem freien Markt angeblich für immer neue Arbeitsplätze sorgt. Bislang haben Innovationen tatsächlich neue Arbeitsfelder aufgetan, aber mit einem rein historischen Argument lässt sich keineswegs beweisen, dass es auch in Zukunft so weitergehen wird. Schließlich kennt die Geschichte gelegentlich revolutionäre Umbrüche (manche Futurologen benutzen gemäß der Definition des Mathematikers Vernor Vinge den Begriff *Singularität*), die zu unvorhersehbaren Explosionen führen. Festen Glaubens beten unsere Politiker neue Arbeitsplätze herbei, obwohl die Reaktion der Wirtschaft nach der letzten Krise ein eindeutiger Vertrauensbeweis zugunsten des Maschinenparks ist – in den vergangenen Jahren ist in den USA erheblich mehr in Maschinen und Software investiert worden als in Arbeitskraft. Die weiterhin exponentiell wachsende Automatisierung und die zunehmende Verarmung breiter Teile der Bevölkerung deuten darauf hin, dass es eher einem Alchemisten gelingen wird, mit seinen Mixturen und Zaubersprüchen Gold zu fabrizieren, als unseren Ökonomen, die Massenarbeitslosigkeit zu überwinden.

Die Segnung der Maschinen

> *Die Arbeit hat restlos über alle anderen Arten zu existieren triumphiert, genau in der Zeit, als die Arbeiter überflüssig geworden sind. (...) Wir erleben das Paradox einer Arbeitergesellschaft ohne Arbeit, wo Ablenkung, Konsum und Freizeitbeschäftigungen den Mangel an dem, wovon sie uns ablenken sollen, nur noch verstärken.*
>
> Unsichtbares Komitee, *Der kommende Aufstand*

Lohnarbeit ist das Rückgrat des kapitalistischen Systems, denn ohne Löhne keine breite Kaufkraft, ohne Kaufkraft keine Nachfrage, ohne Nachfrage keine Massenmärkte, kein Wachstum, keine zukünftige Produktion. Mit anderen Worten: das Fundament unseres Wirtschaftssystems wird durch eine Entwicklung untergraben, für die das konventionelle volkswirtschaftliche Denken keine Lösungen parat hält. Nicht zuletzt, weil sich die wenigsten von uns eine Gesellschaft ohne Lohnarbeit vorstellen können.

Bald schon werden sich grundsätzliche Fragen stellen. Maschinen sind keine Konsumenten, sie träumen, während sie rechnen und rattern, weder von Pistazieneis noch von High Heels. Wer wird sich die in automatisierten Prozessen hergestellten Produkte leisten können? Zunehmend weniger Menschen. Vielleicht gibt es aus dieser Sackgasse keinen kapitalistischen, sondern einen gegenwärtig noch utopisch erscheinenden Ausweg: das Ende von Profit und Kapital.

Vier Fünftel der Menschheit sind bislang von den Auswirkungen der *robotronischen Revolution* nur indirekt betroffen, weswegen die durchschnittlichen Preise und Profite weltweit für einen gewissen Zeitraum noch steigen werden, zugunsten jener *Happy Few* unter den Unternehmen, die den ruinösen Konkurrenzkampf bestehen.

Sobald die Kontrolle über die automatisierten Industrien in den Händen zunehmend weniger Oligarchen liegt (angesichts der Entwicklungen eine durchaus wahrscheinliche Zukunftsvision), wird man sich die arbeitslosen Massen, die auf die Wohltätigkeit des Staates oder privater Philanthropen angewiesen sind, vom Leibe halten müssen. Man wird die Polizei, die privaten Sicherheitskräfte und andere Spezialtruppen im Krieg gegen Kriminalität, Terror und Aufruhr verstärken, und wir werden uns immer weiter entfernen von einer demokratischen Welt mit gewissen Freiheitsrechten. Sind die Möglichkeiten fetter Dividenden erst einmal erschöpft und nur noch eine dürre Rendite zu erwarten, werden unausweichlich größere Kriege vom Zaun gebrochen werden müssen.

Die Ironie dabei: auch die Kriegsführung wird, und zwar mit besonderer Rasanz, automatisiert. War die Armee bis vor Kurzem noch Auffangbecken für viele, die gesellschaftlich an den Rand gedrängt worden sind, so wird sie zukünftig eher als mörderisches Experimentierfeld für *robotronische* Entwicklungen dienen. Die im medialen Scheinwerferlicht aufsteigenden Drohnen sind nur ein Aspekt der Vertreibung des Menschen aus dem Militär (die *US Army* verfügt inzwischen über mehr unbemannte Flugkörper als über konventionelle Flugzeuge). Unbemannte Minensucher namens *PackBot* sind seit Jahren im Einsatz im Irak und in Afghanistan. Mit *SWORDS* existiert schon ein bewaffneter ferngesteuerter Roboter, bereit zum Einsatz auf dem Schlachtfeld der Ehre. Sein Gestell kann jede Waffe tragen, die weniger als 150 Kilo wiegt, seine fünf Kameras können alles in einem Radius von bis zu 400 Metern detailliert erkennen, selbst nachts. Das Pentagon finanziert aufwendige Bioengineering-Projekte, bei denen die Möglichkeiten des Hirn-Maschine-Interface erforscht werden. Nur mit den Gedanken soll man eine Drohne fliegen lassen können, und die von ihrer Kamera aufgenommenen Bilder sollen direkt im eigenen Gehirn gespeichert werden. Der *GT-Maxhelicopter* kann schon autonom fliegen, indem er alle dafür nötigen Entscheidungen selbstständig fällt, inklusive der Reaktion auf verändertes Wetter oder den Angriff eines Feindes. Allein Generäle und Militärseelsorger werden noch vonnöten sein, denn auch Maschinen müssen gesegnet werden, bevor sie in die Schlacht geschickt werden.

Die Folgen der *robotronischen Revolution* werden auch die uns geläufigen administrativen Strukturen grundsätzlich infrage stellen. »Heute klammern sich die Verwaltungen mit ihren Satrapen noch an Amtsstuben und an ihre traditionelle Macht«, schreibt Georgi Konstantinow, »doch wird ihre Position schwächer, je mehr die neuen Technologien gesellschaftlich bestimmend werden. Dieser Prozess führt zu radikalen Veränderungen in der Mentalität und in den traditionellen Beziehungen zwischen Staat und Bürokratie, zwischen Arbeitgebern und Beschäftigten. Die neuen Technologien erfordern horizontale Formen der Koordination und Kommunikation zwischen den verschiedenen Abteilungen der Produktion und Information. (…) Um im Leben zu bestehen, werden die Menschen gezwungen sein, die Pyramiden zu verlassen und mit ihren Mitmenschen auf weniger hierarchische Art zu verkehren. Die oft beschworene Netzwerkstruktur, mit anderen Worten eine basisdemokratische Form der gesellschaftlichen Organisation, wird einen offenen Zugang zu Information und Entscheidungsprozessen bieten. Sie beruht auf Dezentralisierung, auf verbundenen und interagierenden Mitgliedern und Netzwerken, die kooperativ und nicht antagonistisch miteinander verkehren. (…) Um Zuschauer in Akteure, Herrschaftssubjekte in freie Bürger, die Wählerschaft in einen Demos zu verwandeln, wird es allerdings eines langen und komplizierten Prozesses bedürfen.«

Die politische Apathie hierzulande erscheint – anders ist sie angesichts der enormen Umwälzungen unserer Zeit nicht erklärbar – wie die Ruhe vor dem Sturm. Das Verschwinden der Lohnarbeit wird einen wachsenden Teil der Gesellschaft überflüssig machen, bis schließlich ein kritisches Stadium erreicht sein wird, in dem die Herrschaft des Kapitals nur noch durch den Einsatz von Gewalt (also außerökonomischen Zwangs) aufrechtzuerhalten sein wird. Durch die zunehmende Bedeutung, die den neuen Technologien in den Arbeitsabläufen und Entscheidungsstrukturen zufällt, werden sukzessive nicht nur Fabriken und Unternehmen entvölkert, sondern auch die verschiedenen Ebenen der Staatspyramide. Das Ergebnis in einem unveränderten System der Marktwirtschaft ist, wie schon beschrieben, eine steigende Arbeitslosigkeit, ein Rückgang der Kaufkraft der Bevölkerung sowie ein weiteres Anwachsen des Prekariats. Abnehmende Profite werden die Kluft zwischen Reich und Arm, zwischen den dominanten Akteuren auf der globalen Bühne, denen die letzten Wachstumsmärkte unterliegen, und den Massen der zum Zusehen Verdammten, die ohne Hoffnung und Perspektive ums reine Überleben kämpfen, noch weiter vertiefen.

Dies wird nicht zu dem oft – wenn auch unter verschiedenen Vorzeichen – beschworenen Ende der Geschichte führen, sondern die Sicherheitsarchitektur unserer Welt destabilisieren. In längerfristiger Perspektive werden sich diese Spannungen negativ auf die existierenden Macht-

und Vermögensstrukturen auswirken. »Wenn ein System infolge langsamer, doch stetiger Veränderung, aufgrund der Fluktuation und des asynchronen Oszillierens seiner Subsysteme destabilisiert wird und sein Gleichgewicht verliert, reagiert es hochsensibel auf innere wie äußere Kräfte, die bis zu diesem Punkt macht- und erfolglos versucht haben, das System zu verändern oder zu zerstören. Die Auswirkungen dieser Kräfte scheinen von außen betrachtet als Zufall. Das System beginnt, sobald es seine Stabilität verliert, sich irrational zu verhalten. Die Gesetze, nach denen es existierte und funktionierte, besitzen keine Geltung mehr. In einem solchen revolutionären Moment ist es unmöglich, die Richtung der Veränderung vorherzusehen.« So die Einschätzung von Georgi Konstantinow.

Wird das System in sich zusammenbrechen? Wird es angesichts von repressiven Selbstbehauptungskämpfen der Eliten erstarren oder sich in Chaos auflösen? Oder wird es sich auf einem höheren Organisationsniveau neu formieren? Verwirklicht sich wieder einmal ein Albtraum oder eine weitere Utopie?

Apokalypse soon

Gehn ma halt ein bisserl unter,
Mit Tsching-tsching in Viererreihn
Immer lustig, fesch und munter,
Gar so arg kann's ja net sein.

Liebend gerne gehen wir als Menschheit unter, mit einem Bierchen in der Hand vor dem Fernseher, den Mund voller Popcorn im Multiplex.
»The Book of Eli«
»I am Legend«
»2012«
»Doomsday«
»The Road«
»28 Weeks Later«,
so eine zufällige und unvollständige Auswahl der vielen Filme aus den letzten Jahren, die uns apokalyptischen Kitzel garantierten. Im Fernsehen taumeln Zombies im Wochentakt, die Serie »The Walking Dead« gehört zu den erfolgreichsten der letzten Zeit, von Publikum und Kritik hochgelobt, und die eigenen Kinder lesen sich durch eine kandierte dystopische Albtraumtrilogie namens »Tribute von Panem«. Endzeitvisionen sind en vogue.

Wieso eigentlich? Wieso beglückt uns das mediale Aussterben unserer Spezies, die Verödung des Planeten, die auf die Spitze getriebene Brutalität unserer Zivilisation? Wieso entfliehen wir unserem Alltag in den Weltuntergang? Eine naheliegende Erklärung drängt sich auf. Die katastrophalen Entwicklungen, die in den Filmen und Büchern zur finalen Explosion gelangen, sind schon im Gange, unsere nachvollziehbaren und begründeten Ängste erfahren im Kino ersatzweise Bestätigung. Für diese Vermutung spricht, dass bis in die 8oer-Jahre des letzten Jahrhunderts ein nuklearer Krieg Auslöser der filmischen Katastrophe war, entsprechend den damals vorherrschenden Befürchtungen. Seitdem haben Klimaumwälzungen und Epidemien den atomaren Erstschlag ersetzt.

Da der kommerzielle Erfolg von Filmen von Teenagern und jungen Erwachsenen bestimmt wird und sich diese meiner zugegebenermaßen begrenzten Erfahrung nach eher Sorgen um ihre persönliche als um die planetare Zukunft machen, funktionieren die Dystopien und Apokalypsen vielleicht eher als Negativ, vor dem die Belastungen und Herausforderungen der eigenen Existenz verblassen. Wer in Zeiten erhöhter Unsicherheit und zunehmenden Konkurrenzdrucks lebt, wer nicht weiß, ob er in dieser Gesellschaft ein würdiges Auskommen findet, ob er gebraucht wird, der lässt sich trösten von der grotesken Überzeichnung seiner Verunsicherung. Der Horror und das Chaos auf der Leinwand oder dem

Bildschirm versöhnen uns mit der *Dystopie light* der Gegenwart. In diesem Sinne erfüllen Endzeitfilme eine ähnliche Rolle wie seit Längerem schon die Obdachlosen, die den braven Bürgern und Bürgerinnen täglich vor Augen führen, wie tief sie stürzen könnten, wenn sie nicht aufpassen, nicht spuren, nicht schuften.

> *Erstens kann uns eh nix gschehen,*
> *Zweitens ist das Untergehen*
> *'s einzge, was der kleine Mann*
> *Heutzutag sich leisten kann.*

Der Untergang ist uns nicht nur recht und billig, sondern auch Beruhigung. So weit, so erschreckend. Bedenklich ist ebenfalls eine weitere zeitgeistige Komponente unserer apokalyptischen Gier: die Entmenschlichung der anderen. In Zeiten liberaler Gesinnung und politischer Korrektheit ist die Dämonisierung und Ausrottung von Fremden in mehr oder weniger realistischen Filmen kaum noch opportun (auch wenn die althergebrachten Ressentiments nationalistischer oder rassistischerer Couleur in letzter Zeit wieder anschwellen), weswegen ein Filmemacher wie Quentin Tarantino auf Nazis, Vampire und Sklavenjäger zurückgreifen muss, um seine Gewaltorgien für das Publikum akzeptabel umsetzen zu können, egal ob man diese im Sinne des Regisseurs als »Befreiungsfantasien« oder kritisch als Instrumentalisierungen begreift.

Nach dem Untergang formiert sich unsere Menschlichkeit neu. Die Serie »The Walking Dead« führt exemplarisch vor, wie alle humanitären Hüllen fallen (außer innerhalb des kleinen Zirkels der eingeschworenen Überlebensgemeinschaft). Zu Beginn der Serie versuchen die wenigen Überlebenden vor den vielzähligen Zombies zu fliehen, die Erinnerung an eine gemeinsame Zeit als Menschen ist noch gegenwärtig, doch im Laufe der ersten Folgen verblasst diese »Sentimentalität«, und es geht nur noch darum, die gefährlichen, aber auch überflüssigen Scheinlebenden möglichst effizient zu vernichten. Bemerkenswert ist das Aussehen der Zombies, die teilweise Noma-Kranken ähneln, also jenen Unterernährten, deren Gesicht von Mikroorganismen zerfressen wird, die das eigene extrem geschwächte Immunsystem nicht mehr abwehren kann. Bei Zombies wie auch bei Noma-Kranken sind Lippen und Wangen verschwunden, die Augen hängen herab, weil sich die Gesichtsknochen auflösen, das Gesicht ist so sehr entstellt, dass wir den einstigen Menschen kaum mehr erkennen. Auf Entstellung folgt Ausgrenzung; was einmal leicht zu heilen gewesen wäre (bei Noma-Kranken würde die Behandlung im frühen Stadium nur zwei bis drei Euro erfordern), ist nun irreversibel. Das Opfer wird zum Feind der Gesunden. Je stärker die Gruppe der Vollwertigen umzingelt wird, desto radikaler stellt sich die Frage der Selbstverteidigung bis hin zu der Überlegung, ob es gerechtfertigt ist, auch einen der wenigen verbliebenen Mitmenschen zu töten, wenn er zu einer Gefahr für die Gruppe werden könnte.

Und natürlich sind die Zombies so überzeichnet, dass der Zombie in jedem von uns im Vergleich harmlos wirkt.

Bei einer Google-Suche zum Stichwort »Noma« beziehen sich die ersten 100 Hits auf das angeblich weltbeste Restaurant gleichen Namens in Kopenhagen. Da das Google-Ranking Ausdruck einer globalen virtuellen Aufmerksamkeit ist, erhält man bei jeder Suche einen Spiegel der Prioritäten und Interessen innerhalb der wohlhabenderen und gebildeteren Schichten, die das Ranking dominieren. Erweitert man seine Suchanfrage um »Hunger«, wird man in zwei untereinander aufgeführten Links zunächst zum Noma-Restaurant und darunter zu »Ethiopiaid«, einer Hilfsorganisation, geleitet. Das Foto eines halbseitig zerfressenen Mädchengesichts ist somit nur zwei Klicks entfernt von dem Bild eines elegant komponierten Gerichts aus Kastanie und Rogen in Walnussbuttersauce.

Das Schicksal der Ausgegrenzten entzieht sich der Aufmerksamkeit, geschweige denn der Empathie der Nützlichen und Gesunden. In allen Folgen von »The Walking Dead« wird der existenzielle Antagonismus zwischen Zombies und Lebenden nie infrage gestellt. Die Weltbank, laut Satzung dem Kampf gegen die Armut verpflichtet, erwähnt in ihrem Bericht »The Burden of Disease« die Krankheit Noma kein einziges Mal. Es sterben also jährlich Hunderttausende Kinder an einer nicht existenten Krankheit.

Nicht ansteckende Krankheiten wie diese können uns nicht bedrohen. Die Kranken sehr wohl schon, wie wir in »The Walking Dead« erfahren. Als Zuschauer werden wir zu Komplizen eines Kampfes um Tod oder Leben und reagieren schließlich mit Erleichterung und Befriedigung darauf, dass den Zombies der Kopf weggeblasen wird. Irgendwann haben wir die Prämisse der Erzählung verinnerlicht. Die Unmenschlichen zwingen uns, gelegentlich Unmenschliches zu tun, wie etwa einen Zombie aufzuschneiden, um herauszufinden, was er kurz zuvor verspeist hat. Dieses Prinzip ist natürlich alles andere als neu, es dominiert die Selbstrechtfertigung aller kolonialen und imperialen Aggressionen.

Nur werden diese im apokalyptischen Film in die Zukunft gerichtet. Es herrscht Knappheit vor, es ist nicht genug für alle da. Die Horden sind inzwischen überall. Weil wir die Wildnis nicht mehr zivilisieren können, bleibt uns nichts anderes übrig, als die Nischen des vertrauten Lebens zu verteidigen, mit allen Mitteln, die uns zur Verfügung stehen. Nicht die Moral des Helden ändert sich, wie im klassischen Drama, sondern die Moral des Zuschauers, der Einsicht in die Notwendigkeit erlangt, dass die ekligen, alles bedrohenden Opfer des Untergangs massakriert werden müssen. Es gilt die Devise: Rette sich, wer kann.

Drum gehn ma halt ein bisserl unter,
's is riskant, aber fein.

Jura Soyfer, *Weltuntergang* (1936)

In diesem Sinn sind die Unterhaltungsfilme der Weltuntergangsindustrie erstaunlich visionär. Wir sind nicht mehr weit entfernt von einer Unterteilung der Erdbevölkerung in »Brutale« und »Ewige«, wie sie der Genreklassiker »Zardoz« vornimmt, der im Jahre 2293 spielt: Die Brutalen vegetieren dahin in einer verwüsteten Landschaft, gepeinigt von Krankheit und Hunger, gejagt und versklavt von Schergen (im Original »Exterminators«), die dem Gott Zardoz dienen. Die unsterblichen Ewigen hingegen leben in einem paradiesisch anmutenden Idyll namens »Vortex«, geschützt durch eine unsichtbare Wand vor den Brutalen. Dort führen die Ewigen ein luxuriöses Leben, das durch einen allmächtigen Computer reguliert wird.

Auswege

> *Es ist nicht die Ökonomie, die in der Krise ist,*
> *die Ökonomie ist die Krise; es ist nicht die Arbeit,*
> *die fehlt, es ist die Arbeit, die überflüssig ist; nach*
> *reiflicher Überlegung ist es nicht die Krise, sondern*
> *das Wachstum, das uns deprimiert.*
>
> Unsichtbares Komitee, *Der kommende Aufstand*

Was wir gegenwärtig erleben, ist keine kleine Krise des Kapitals, die bald überwunden sein wird auf dem Weg zu den blühenden Landschaften der Vollbeschäftigung und der sozialen Gerechtigkeit, sondern ein strukturimmanentes Problem, das sich verschärfen wird. Wir werden diese negativen Entwicklungen nicht mit einer inspirierten Steuer- oder Investitionspolitik oder mit weiterer Konsumsteigerung meistern können. Bürgerliche Ökonomen der ersten Stunde haben es geahnt. John Stuart Mill formulierte die Überzeugung, kapitalistisches Wachstum sei wichtig, erreiche jedoch irgendwann die Grenze, an der weiteres Wachstum nicht erstrebenswert sei und man zur Kontemplation zurückfinden müsse, um Zeit zu haben für sich und die Natur.

The Big Hole im südafrikanischen Kimberley hat uns die kapitalistische Sackgassenentwicklung im Zeitraffer vorgemacht. Zunächst teilten sich Tausende von Prospektoren das diamantenreiche Schürfgebiet inmitten Südafrikas, der einstige Hügel verschwand, Spitzhacken und Schaufeln gruben ein Loch, heute knapp einen halben Kilometer breit und mehr als zweihundert Meter tief. In den Anfangsjahren partizipierten viele Glückssucher an dem aus der Erde gegrabenen Reichtum – die Karten mit den eingetragenen Claims (ausgestellt im örtlichen Museum) ähneln Patchworkdecken. Sukzessive nahm die kleinteilige Partizipation der vielen ab, eine Konzentration des Eigentums schluckte die Vielfalt, bis nur noch zwei Großminenbesitzer übrig blieben: de Beers und The Kimberley. Die entsprechende Karte zeigt nur noch zwei Farbblöcke. Gut zwanzig Jahre nachdem der Bauernsohn Erasmus Jacobs einen kleinen leuchtenden Kieselstein am Ufer des Orange River fand, amalgamierten die verbliebenen zwei Firmen zu einem Monopolisten – De Beers Consolidated Diamond Mines –, der den weltweiten Diamantenmarkt auch heute noch dominiert. Eines Tages waren alle Diamanten gefördert – zurück blieb ein großes Loch. Es gähnt nun zwecklos und hässlich inmitten einer Kleinstadt am nördlichen Kap, teilweise aufgefüllt mit grünlichem Wasser.

Wie können wir es vermeiden, dass wir die ganze Welt in ein ausgelaugtes, tiefes Loch verwandeln? Ratschläge zum kritischen Denken und widerständigen Handeln sind mit Vorsicht zu genießen, weil sie dem Einzelnen das vorkauen, was er aus eigenem Antrieb entwickeln sollte. Aber einige abschließende Gedanken, wie wir der Verüberflüssigung entgehen können, seien doch erlaubt.

Wir müssen uns unverzagt vorstellen, wie eine bessere Gesellschaft und ein tatsächlich gerechtes und nachhaltiges Wirtschaften aussehen könnten. Wir benötigen utopische Entwürfe, wir brauchen Träume, wir müssen Verwegenes atmen. Wer keine Visionen hat, sollte zum TÜV gehen. Zu den notwendigen Visionen gehört auch die Vorstellung, was es bedeuten würde zu obsiegen. Die Vorstellung des Gelingens wirkt enorm motivierend.

Visionäres Denken und konkretes Handeln schließen einander nicht aus. Man kann einer Überwindung des Systems das Wort reden und sich trotzdem dafür einsetzen, dass vorab bescheidene alternative Ansätze in die Wege geleitet werden. Die Revolution von morgen beginnt schon heute im Kleinen, in Strukturen, Netzwerken, Nischen, die freies und kollektives Gesellschaftsleben praktizieren und vorleben. Wir können nicht darauf warten, dass uns das Paradies nach einem Zusammenbruch des Systems wundersam in den Schoß fällt. Es gibt historische Anhaltspunkte, dass ein sich reformierendes System anfälliger ist für Umwälzungen. Allerdings dürfen wir nicht dem Irrglauben anheimfallen, dass die Häufung von kleinen Austritten die Machtverhältnisse grundsätzlich ins Wanken bringen kann. Die Flexibilität der Macht, sich auch an gesellschaftliche Aufbrüche anzupassen bzw. diese für sich zu nutzen, ist beachtlich. Das haben die Ereignisse von 1989 und den Jahren danach gezeigt, als es der Nomenklatura in

Osteuropa gelang, den Rhythmus der Veränderungen in entscheidenden Momenten zu bestimmen und sich dabei in eine gleichbleibend dominante Oligarchie zu verwandeln.

Wir dürfen nicht verzagen, in den Worten des Liedermachers Wolf Biermann »nicht die Waffen strecken vor dem großen Streit«. So selbstverständlich dies auch klingen mag, ja geradezu banal, es gerät uns häufig aus dem Blick. Gerade jene Menschen, die sich intensiv mit den sozioökonomischen Realitäten beschäftigen, jene also, die einen Wissensvorsprung haben, gehen in die Knie vor den massiven Problemen, Gefährdungen und Zerstörungen. Gewiss, es ist manchmal zum Verzweifeln, dieses Gefühl kennt jeder von uns, der die Übermacht der herrschenden Verhältnisse zu untergraben sucht. Aber wir müssen uns fragen, ob nicht die individuelle Verzweiflung samt der daraus folgenden Lähmung ein Luxus der Wohlhabenden ist. Die Menschen in den Slums von Bombay haben keine Freiräume, um zu verzweifeln, sie müssen, aus Überlebensdrang, aus Verantwortung für ihre Familie weiterkämpfen. Gerade wenn man das Privileg hat, keinen existenziellen Überlebenskampf führen zu müssen, sollte man sich nicht in seine Privatsphäre einigeln. Der oft geäußerte Aufschrei: »Es ist eh alles verloren!« oder »Es ist sowieso zu spät!« ist im Grunde Ausdruck einer affirmativen Haltung.

Solange es den Kapitalismus noch gibt, müssen wir die namensgebende Chiffre des Systems ernst nehmen: das Geld. Was stellen wir damit an? Es ist erstaunlich, wie wenige Menschen, auch unter den gesellschaftskritisch eingestellten, sich Gedanken machen über den Einsatz ihres Geldes. Welchen Banken vertrauen wir es an? Welche ethischen und nachhaltigen Investitionen fördern wir? Sind wir beteiligt an Finanzinstrumenten, die wir ablehnen?

Wir müssen die noch existierenden Allmenden mit Zähnen und Klauen verteidigen, ob es sich um das Wasser oder das Internet handelt. Wir müssen uns wehren gegen das voranschreitende Kapern des Allgemeinbesitzes, zumal wenn dadurch unwiederbringliche Naturressourcen ausgebeutet und vernichtet werden oder wenn wir, anstatt in freien Räumen und Netzen Information austauschen zu können, in kommerzielle Zwangsjacken gesteckt werden.

Es gibt keine Alternative zu organisiertem, gemeinsamem Handeln. Der Niedergang der Gewerkschaften ist einer der Gründe, wieso es den Akteuren der marktkonformen Demokratie so leichtgefallen ist, die rechtlichen und materiellen Bedingungen zum Nachteil von Arbeitern und Angestellten zu verändern. Im Jahre 1955 waren in den USA noch 34 Prozent der Lohnempfänger gewerkschaftlich organisiert, heute sind es nur noch sieben Prozent. Die Tendenz geht bei uns in die gleiche

Richtung, in Deutschland sind es laut Angaben des DGB 16 %, Rentner und Arbeitslose mitgerechnet. Eines der größten gegenwärtigen Probleme ist die Atomisierung der Gesellschaft. Der Isolierte ist ein bereitwilliges Opfer der Verhältnisse.

Selten halten wir inne, nehmen Auszeit von einem rasanten Alltag aus Pflicht und Unterhaltung, sitzen am Ufer oder schwingen auf der Schaukel, der Kontemplation zugetan oder einfach nur dem Nichtstun. Mit unserem Zeitvermögen gehen wir verschwenderischer um als mit unserem Geld. »Das wäre schön, aber leider habe ich dafür keine Zeit«, dient uns als (faule) Entschuldigung. Gewiss, wer sich an zwei Jobs klammern muss, um seine Kinder zu ernähren, wird wenige Minuten zur freien Verfügung haben, aber die meisten von uns ziehen es vor, die vorhandene Zeit anders zu investieren, wie die Einschaltquoten allwöchentlich dokumentieren. Es würde sich lohnen, denn aus kontemplativer Sicht wirkt das Selbstverständliche des Alltags oft lächerlich oder erniedrigend.

Ohne Empathie ist die Realität des überflüssigen Menschen nicht zu bekämpfen. »Die Not des anderen erträgt man mit Geduld«, hat der brasilianische Schriftsteller Joaquim Maria Machado de Assis vor Zeiten geschrieben. Die Not der Überflüssigen, müsste man seine Sentenz der Gegenwart anpassen, ertragen wir mit souveräner Gleichgültigkeit. »You're having a tough time?«, faucht einer der Überlebenden in »The Walking Dead« einen anderen an, der sich zu sehr beklagt hat. »The whole world is having a tough time.« Darin liegt die Perversion unserer Situation: Wir verbrauchen so viel wie keine Gesellschaft vor uns und empfinden doch überwiegend Krise. Unter dem Zwang, unentwegt zu funktionieren und zu konsumieren, fällt es uns zunehmend schwer, Empathie zu spüren, Glück zu empfinden.

Bibliografische Hinweise

La Méduse

Jonathan Miles, *Medusa. The Shipwreck, the Scandal, the Masterpiece*. London, Jonathan Cape 2007

Zu viel, zu viele

Jean Ziegler, *Wir lassen sie verhungern. Die Massenvernichtung in der Dritten Welt*. Aus dem Französischen von Hainer Kober. München, C. Bertelsmann 2012

Jon Wiener, *Hell Is Other People* in: Mike Davis und Daniel Bertrand Monk (Hg.), *Evil Paradises: Dreamworlds of Neoliberalism*. New York, The New Press 2007

Von Milliardären, Elchjägern und anderen Malthusianern

Ted Turner beim World Affairs Council: http://www.youtube.com/watch?v=yHUrvsNvKto

Rede von Bill Gates: http://www.youtube.com/watch?v=KHKPnW9s9OU&NR=1&feature=endscreen

Mensch und Müll

Kathrin Hartmann, *Wir müssen leider draußen bleiben. Die neue Armut in der Konsumgesellschaft*. München, Karl Blessing Verlag 2012

Zygmunt Baumann, *Verworfenes Leben. Die Ausgegrenzten der Moderne*. Hamburg, Hamburger Edition 2005

Prekär, der Prekäre, das Prekariat

Guy Standing, *The Precariat. The New Dangerous Class*. London, Bloomsbury 2011

Hans-Ulrich Wehler, *Die neue Umverteilung. Soziale Umverteilung in Deutschland*. München, C.H. Beck 2013

Weitere Daten zu Wohlstand und Armut:
http://www.alternet.org

http://www.institutionalinvestorsalpha.com/Article/3190499/The-Rich-List.html

Ein Sprungbrett nach unten

Hartz IV ist offener Strafvollzug ...:
http://www.news.de/wirtschaft/855080286/hartz-iv-ist-offener-strafvollzug/1/

Die Ein-Euro-Reservisten

... dass sich Richter gelegentlich ein Zubrot verdienen mit großzügigen Verurteilungen:
http://en.wikipedia.org/wiki/Kids_for_cash_scandal

Die Oligarchen sind unter uns

Jeffrey A. Winters, *Oligarchy*. Cambridge University Press 2012

Sascha Adamek/Kim Otto, *Schön reich. Steuern zahlen die anderen. Wie eine ungerechte Politik den Vermögenden das Leben versüßt*. München, Heyne Verlag 2009

Janine R. Wedel, *Shadow Elite. How the World's New Power Brokers Undermine Democracy, Government, and the Free Market*. New York, Basic Books 2009

Stigmatisiert, selbstoptimiert

Giorgio Agamben, *Homo sacer. Die souveräne Macht und das nackte Leben*. Aus dem Italienischen von Hubert Thüring. Frankfurt am Main, Suhrkamp 2002

Juli Zeh, *Der vermessene Mann*:
www.tagesanzeiger.ch/ipad/kultur/Der-vermessene-Mann/story/19200678

Lohnarbeit ade

Erik Brynjolfsson/Andrew McAfee, *Race Against the Machine. How the Digital Revolution is Accelerating Innovation, Driving Productivity, and Irreversibly Transforming Employment and the Economy*. Digital Frontier Press 2011

Martin Ford, *The Lights in the Tunnel. Automation, Accelerating Technology and the Economy of the Future*. CreateSpace Independent Publishing Platform 2009

Die Metro Gruppe betreibt in Tönisvorst einen real,- Future Store:
http://www.future-store.org/fsi-internet/html/de/1301/index.html

Vernor Vinge, *The Coming Technological Singularity: How To Survive in the Post-Human Era*. 1993

Foxconn, der weltweit größte Computerproduzent ...: http://news.xinhuanet.com/english2010/china/2011-07-30/c_131018764.htm

Georgi Konstantinow, *Die robotronische Revolution*. In: Wespennest 152, 2008

Pietra Rivoli, *Reisebericht eines T-Shirts. Ein Alltagsprodukt erklärt die Weltwirtschaft*. Aus dem Englischen von Christoph Bausum. Berlin, Econ Verlag 2006

Die Segnung der Maschinen

P. W. Singer, *Wired for War. The Robotics Revolution and Conflict in the 21st Century*. London, Penguin 2009

Auswege

Unsichtbares Komitee, *Der kommende Aufstand*. Aus dem Französischen von Elmar Schmeda. Hamburg, Nautilus 2010

Ilija Trojanow im dtv

»Trojanow überrascht, wo er nur kann.«
Der Spiegel

Der Weltensammler
Roman
ISBN 978-3-423-13581-8

Als Kundschafter der englischen Krone soll Burton in Britisch-Indien dienen – eine verlockende Aufgabe, die bald zur Obsession wird …

Nomade auf vier Kontinenten
Auf den Spuren von Sir Richard Francis Burton
ISBN 978-3-423-13715-7

Unterwegs auf den Spuren des sagenumwobenen Burton in Indien, Mekka, Sansibar und bei den Mormonen in Utah.

Die Welt ist groß und Rettung lauert überall
Roman
ISBN 978-3-423-13871-0

Alex' Eltern ertragen den Alltag unter der Diktatur in ihrem Heimatland nicht länger, und hinter dem Horizont lockt das vermeintlich gelobte Land … Ein quicklebendiger Roman über das Leben im Exil und davon, wie man sein Glück selbst in die Hand nimmt.

Der entfesselte Globus
Reportagen
ISBN 978-3-423-13930-4

Faszinierende Berichte aus Afrika, Indien, Asien und Bulgarien. »Locker federt die Sprache seiner Reportagen, in denen sich kein Stilist offenbaren will, sondern einer, der sich einfangen lässt von den farben und Gerüchen, den Geräuschen der Welt, ihrem Zorn und ihrer Liebe.« (NZZ)

EisTau
Roman
ISBN 978-3-423-14288-5

Zeno, der sein Leben als Glaziologe einem Alpengletscher gewidmet hat, heuert auf einem Kreuzfahrtschiff an, um Touristen das Wunder der Antarktis zu erklären. Doch auf seiner Reise verzweifelt er an der Ignoranz der Urlauber, der mangelnden Achtung vor der fremden Welt und der fortschreitenden Schmelze.

Bitte besuchen Sie uns im Internet: www.dtv.de

Ilija Trojanow im dtv

»Wer reist, hat etwas zu erzählen, und dieser elementaren Wahrheit ist Trojanow auf sehr unmittelbare Weise verpflichtet.«
Christoph Bartmann in der ›Süddeutschen Zeitung‹

Autopol
in Zusammenarbeit mit
Rudolf Spindler
dtv premium
ISBN 978-3-423-24114-4

Bei der jüngsten Aktion seiner Widerstandsgruppe wird Sten geschnappt. Einmal zu oft. Er wird »ausgeschafft«, dorthin, von wo es kein Zurück gibt – nach Autopol.

Die fingierte Revolution
Bulgarien, eine exemplarische Geschichte
ISBN 978-3-423-34373-2

Seit dem Fall des Eisernen Vorhangs hat Trojanow Bulgarien regelmäßig besucht. Das Resümee: Die alte Nomenklatura wurde nie abgelöst, die Vergangenheit ist nicht bewältigt.

Ilija Trojanow und Juli Zeh
Angriff auf die Freiheit
Sicherheitswahn, Überwachungsstaat und der Abbau bürgerlicher Rechte
ISBN 978-3-423-34602-3

»In ihrer provokanten Streitschrift rufen Juli Zeh und Ilija Trojanow dazu auf, dem Ausverkauf der Privatsphäre den Kampf anzusagen.« (taz)

Bitte besuchen Sie uns im Internet: www.dtv.de

Aktuelle Themen im dtv

Günter Ogger
Die Diktatur der Moral
Wie »das Gute« unsere
Gesellschaft blockiert
ISBN 978-3-423-**28053**-2

Michael Wolffsohn
Zum Weltfrieden
Ein politischer Entwurf
ISBN 978-3-423-**26075**-6

Anton Aschenbrenner
**Ich liebe Gott
(und eine Frau)**
Ein Ex-Pfarrer erzählt
ISBN 978-3-423-**26033**-6

Mahzarin R. Banaji
Anthony G. Greenwald
Vor-Urteile
Wie unser Verhalten unbewusst gesteuert wird und was
wir dagegen tun können
Übers. v. E. Heinemann
ISBN 978-3-423-**26071**-8

Karl-Markus Gauß
Ruhm am Nachmittag
ISBN 978-3-423-**34814**-0
Ein anregender und scharfsichtiger Blick auf unsere
Gegenwart.

Arno Gruen
Dem Leben entfremdet
Warum wir wieder lernen
müssen zu empfinden
ISBN 978-3-423-**34836**-2

Stephan Harbort
Gemeingefährlich
Deutschlands schlimmste
Verbrecher – ein Kommissar
berichtet
ISBN 978-3-423-**26054**-1

Claudia Rieß
Stefan Konrad
Born to be wild
Die Generation Ü40
ISBN 978-3-423-**26008**-4

Richard Sennett
Zusammenarbeit
Was unsere Gesellschaft
zusammenhält
Übers. v. M. Bischoff
ISBN 978-3-423-**34837**-9

Ralph Skuban
**»Guten Morgen, wer sind
Sie denn?«**
Wahre Geschichten vom
Leben und Sterben
ISBN 978-3-423-**26034**-3

Rita Süssmuth
Das Gift des Politischen
Gedanken und Erinnerungen
ISBN 978-3-423-**28043**-3

Nicola Steffen
Porn Chic
Die Pornifizierung des
Alltags
ISBN 978-3-423-**26031**-2

Bitte besuchen Sie uns im Internet: www.dtv.de

Aktuelle Themen im dtv

Peter Wagner
Wofür es gut ist
Was Menschen aus ihrem
Leben lernen
ISBN 978-3-423-26053-4

Jean-Charles Wall
**Die Prophezeiung des
afghanischen Teppichs**
Übers. v. E. Liebl
ISBN 978-3-423-28031-0

Asit Datta
Armutszeugnis
Warum heute mehr Menschen
hungern als vor 20 Jahren
ISBN 978-3-423-24983-6

Timothy Garton Ash
Jahrhundertwende
Weltpolitische Betrachtungen
Übers. v. S. Hornfeck
ISBN 978-3-423-34720-4

Alva Gehrmann
Alles ganz Isi
Isländische Lebenskunst für
Anfänger und Fortgeschrittene
ISBN 978-3-423-24874-7

Cem Gülay, Helmut Kuhn
Kein Döner Land
Kurze Interviews mit fiesen
Migranten
ISBN 978-3-423-24952-2

Eric Hobsbawm
Wie man die Welt verändert
Über Marx und den
Marxismus
Übers. v. A. Wirthensohn u.
T. Atzert
ISBN 978-3-423-34812-6

Sudhir Kakar
Die Inder
Porträt einer Gesellschaft
ISBN 978-3-423-34630-6

Hasnain Kazim
Plötzlich Pakistan
Mein Leben im gefährlichsten
Land der Welt
ISBN 978-3-423-26077-0

Gudrun Krämer
Geschichte des Islam
ISBN 978-3-423-34467-8

Robert Pragst
Auf Bewährung
Mein Jahr als Staatsanwalt
ISBN 978-3-423-24903-4

Jan H. Robertson
Macht
Wie Erfolge uns verändern
Übers. v. D. Mallett
ISBN 978-3-423-34822-5

Bitte besuchen Sie uns im Internet: www.dtv.de